都甲幸治

狂喜の読み屋

editorialrepublica
共和国

散文の時間

Soul of Prose

散文、というと耳慣れない印象を
抱かれるかもしれませんが、
かつて、日本のある作家たちのグループは、
「散文精神」をモティーフに掲げました。
それは自分たちが生きる時代の現実にたいして、
「どんなことがあってもめげずに、
忍耐強く、執念深く、みだりに悲観もせず、
楽観もせず、生きぬく精神」のことです。
このシリーズもまた、現在のような時代だからこそ、
そうした精神を共有したいと思います。

わたしたちをとりまく社会や文化の
さまざまな物事をめぐって、
ジャンルを超えた多彩な著者とともに考えながら、
ページを閉じたあとには自分と世界との関係が
新しく違ったものにみえる——
そんな同時代的な、
批評的なコレクションをめざしています。

遅い読書

まえがきにかえて

どうしても時給百円までいかなかった。

今から二十年近く前のことだ。受けるかどうか迷ったあげく受験した大学院博士課程の試験にめでたく落ちた僕は、晴れてなんの所属もなくなってしまった。こんなの幼稚園に入る前以来だ。仕事も、未来への展望も何もなかった。でも奇妙なほど、気分だけは清々しかった。

もとより、大学院で文学を研究することに絶望していた。当時の僕は、論文が書きたかったわけではなかったのだ。ただ文学に触れ、文学を生きていたかった。もちろん作家になる能力なんてないことはわかっている。だけど僕には翻訳があった。

修士を出るのとほぼ同時に、僕が訳したチャールズ・ブコウスキーの『勝手に生きろ！』（河出書房新社）が刊行された。ブコウスキーの分身である主人公のチナスキーは、第二次世界大戦中に大学を中退し、グレイハウンドの長距離バスに乗って全米をめぐりながら、いかにも給料の安そうな仕事に就いては次々と辞めてしまう。翻訳していて、主人公の行き場のない感じと、当時の僕の気持ちがぴったりと共振した。

途中こんな一節がある。作家を目指すチナスキーの短篇がようやく文芸誌に採用されたときの描写だ。

おれは採用通知を握ったまま椅子から立ち上がった。初めてだよ。それも、アメリカ一の文芸誌から。世界がこんなに素晴らしく見えたことはなかった。まさに前途洋々って感じだ。

書店に積み上がった『勝手に生きろ！』を見たときの僕も、まさにそんなふうだった。目についた本屋すべてに入っては、誰か買わないかと書棚を眺め続けた。結局、実際に買うところは一人も見られなかったけど。

学者としてはダメだった。作家になるなんて夢のまた夢だ。でも自分は翻訳家になれた。今後何の保証もないけど、ずっと自分が目指していたものの近くにようやく辿り着いたんだ。人生における無駄なものがすべて削ぎ落とされたような気がした。こんな気分になれるなら、もし博士課程に入れていたとしても、むしろこっちから辞めてやってたぜ。

もちろん人生はそううまくはいかない。ブコウスキーが専業作家になれたのは、郵便局員のかたわらコラムや小説を書き続けたあと、ようやく五十代になってからだ。それは僕も同じだった。小説の翻訳を一冊出したところで、そう仕事は次々とは来ない。もう気持ちだけは一流の翻訳家のつもりだったから、この状況には驚いた。無理もない。僕のことなんて誰も知らないんだから。しかもたった一冊の訳書はブコウスキーだ。原文の英語はすごく簡単だから、極端な話、訳すだけなら誰でも訳せる。今の僕が編集者だったら、当時の自分に仕事を依頼したとはとても思えない。

ようやく次回作であるマイケル・ヴェンチュラ『動物園——世界の終る場所』（学習研究社）が出ることは決まったもの、その後が続かない。時間は腐るほどあるが、やることがない。出版社に顔を出して、担当編集者とダラダラしゃべったり、「都甲先生さ、悪いけどコーヒー買ってきて」と言われてコンビニまで走ったりしていた。つまりはパシリだ。週に一度は学籍もないのに柴田元幸先生の大学院ゼミに通い、「お前たちは何もわかっていない」とか言って後輩にカランだりした。

いつも得体の知れない不安に追いかけられていたが、近所を走っているときと英語をやっているときだけは忘れられた。部屋に籠《こ》もって、大声で英単語を発音し、たまに取り憑かれたような顔で外に出てきてそこらを走り回る。完全に不審者である。せっかく翻訳家になれたんだから英語を基礎から学び直そう、なんて一念発起して中学用の文法書からやり直してみた。知らない事項がけっこうあって冷や汗が出た。

仕事の依頼はない。次回作は決まらない。編集者との繋がりもほとんどない。そんな僕がようやくもらえた仕事が、いわゆる「読み屋」だった。大きい出版社の編集者はとても忙しい。海外で話題になっている作品を雑誌などで知っても、実際に読んでいる暇はない。そこで読み屋の登場である。英語ができる数人に編集者が頼んでその本のレポートを書いてもらう。翻訳に値する、という意見が多数を占めれば、社内で企画を通して権利を取る。そして翻訳者を選定して出版、という流れになる。

もちろん、レポートでいくら本を褒めたところで、その翻訳の仕事が自分のところに来るとは限らない。原書一冊が三百ページ、長い場合には五百ページとかあるから、レポートを書くにはとても時間がかかる。しかも貰えるお金がすごく安い。当時で一冊一、二万円じゃなかったかな。普通ならとてもわりには合わない。

でも僕は、なんであれ仕事を任されたことが嬉しかった。自分の書いたレポートで、実際に本が出るかもしれないのだ。だから一生懸命に取り組んだ。ただし、当時の僕には問題があった。英文科でちゃんとアメリカ文学を学んだわけではない。学生時代は現代思想にかぶれていたから、フランス語ばっかり熱心にやっていた。当然ながら英語力は低く、わからない単語を全部引きながら読むと、とてつもなく長い時間がかかる。本一冊で百時間以上かかるなんてザラだった。しかもわかりやすくレポートにまとめる力もない。納得できるまで何度も何度も書き直した。最初のころは、一冊でまるまる一カ月はかかっていたのではないか。すなわち月収一万円である。時給換算では百円もいかない。

モットーは、正直に、誠実に、だ。せっかく自分の好きな仕事ができているんだから、読みとばしたりせずにきちんとやろう。詰まらないと思ったらレポートではクソミソに貶した。もちろん貶せば翻訳は出ない。したがって自分のところに翻訳の仕事が来ることもない。けれども、当時はまったくそんなこと気にしなかった。まさに「狂気の読み屋」である。

それまでの僕は、サッと作品を読んで気の利いたことを言うのを得意としていた。日本語でなら、厚い本でも一日か二日で読める。友達の前でも授業中でも、こうしたら頭がよく見えるだろう、なんてことをすぐに掴んで議論をリードしていた。こいつはできると教師が最初は期待するものの、その後どうにも伸び悩む学生の、まさに典型的なタイプである。それでも周囲が喜んでくれるから、自分は優秀な方なんだろうと自惚れていた。

ところが読み屋を始めたら勝手が違った。なにしろ読んでも読んでも読み終わらない。英語力はさっぱり上がらない。しかも、現代の英米文学を読んでいる人はわかるだろうが、多くの場合、主人公の気が知れない。作者は何がいいたいのかもわからない。いったいこれが文学なのだろうか。果たして自分の解釈で正しいのだろうか。翻訳で読んでいたときには、あれほど楽しくよくわかるものばかりだったのに。

理由は簡単である。基本的に、翻訳出版は商業ベースなので、日本人には理解不能な、とても売れなさそうなものは、そもそも日本語では出ない。しかも翻訳のプロフェッショナルが、日本人の心に響くように原文を巧みに日本語に置き換えてくれている。面白くてわかりやすいのは当たり前なのだ。それに較べて、翻訳出版される見込みもない本を英語で読み続けるのは辛かった。整備された楽しいハイキングコースから外れてしまい、突然、方位磁石も使えないような濃密なジャングルに迷い込んだみたいだ。

しかも、読み屋のレポートでは自己表現は禁止である。要求されているのは、簡潔な言葉で作品の魅力を掴み、できるだけわかりやすくまとめることだけだ。自分の感情も、自分なりの鋭い視点もまったくいらない。要するに、この本は日本で五千部売れるの？というだけだ。これにはまいった。作家や批評家に憧れていた当時の自分は、おれに言わせればさ、みたいなことばっかりいつも考えていた。すなわち、自分にしか興味がなかったのである。けれども当時、唯一仕事をくれる依頼主は、僕になど興味はないのだ。ああ。

今考えれば、僕はとても幸運だったと思う。それまでの自分は、さっと作品の流れやテーマを掴んで、すぐに結論に飛びついていた。言いかえれば、自分がすでに持ち合わせていた枠に勝手に作品を押しこんでいただけである。そうやって出てくる読みは、ある程度は面白くても突き抜けたものがない。手持ちの札をじゅんぐりに回しているだけだから、すぐにマンネリ化してくる。

けれども、よくわからないまま数百時間かけて外国語で一冊の本を読むうちに、それまで経験のないことが起こり始めた。句読点の打ち方や言葉の選び方、音の響きなどを通じて、書き手の息遣いや思考の癖までもが僕に乗り移ってきたのである。それは、話す言葉も違う、会ったことがない、理解もできない人と一カ月間同居するのに似ていた。いや、それ以上に親密かもしれない。言葉は思考そのものだから、他人の思考が僕の脳内に無理やり入り込み、僕の身体を使って暮らし始めるのだ。

奇妙な体験だった。今まで僕がやっていたのが速い読書だとしたら、これは遅い読書とでも言おうか。一度身体がテクストと共振を始めたら、その体験を日本語で掴むのは至難の業となる。テクストのなかで香っている匂いや、響く音、感じる風を表わす言葉はすぐに日本語にはならない。でも僕が感じているものは、単純に英語で起こっているわけでもない。いわゆる論理的な言語が織りなすものよりも、もっと重層的でリアルな出来事だからだ。

ヴァルター・ベンヤミンは「翻訳者の使命」という論文で述べている。「他言語のなかに呪縛されていたあの純粋言語を自身の言語のなかで解き放つこと」（野村修訳）こそが翻訳者の使命である、と。ベンヤミンの論文はどれもそうだが、ここで使われている純粋言語という用語も、何を意味するのかはよく説明されていない。しかしボードレールやプルーストをフランス語からドイツ語に翻訳したことのある彼にとって、この純粋言語とは、外国語でも自国語でもたやすくは掴めない、テクストに埋め込まれたあの身体的な感覚を指しているのではないだろうか。

読み屋の仕事を終え、ようやく翻訳という段になれば、読みの速度はもっとずっと遅くなる。読み屋が一カ月の同居だとしたら、翻訳は年単位の旅になることも多い。ジュノ・ディアスの『オスカー・ワオの短く凄まじい人生』なんて、毎日がんばっても、まる三年もかかってしまった。ちょうど、中学や高校に入学して知り合った部活の友達と、土日も欠かさず毎日、卒業まで付き合うようなものだ。

最初に作品を終わりまで通して読む。そしてゆっくりと辞書を引き始める。もちろんわからない事項を調べたりはするが、肝心なのはそんなことじゃない。一単語ずつきちんと読みながら、明瞭にイメージできないものがあると辞書を引く。わかっているはずの単語でも、ときには英英辞典を何冊も参照して、英語の網目の中でこれはどの位置にくるのかを納得するまでしっかりと調べる。

ぼんやりとではなく、イメージの角が明瞭に立ち上がってきたら、そこで始めて英和辞典を引く。それでも、載っている訳語には頼らない。英和辞典はジョン万次郎以降、日本人が英語を前にしてどう置き換えたらいいのかを、一世紀半のあいだ苦闘してきた歴史の堆積物である。ということは、以前他の人が読んだ英文にはその訳語は使えるけれども、今僕の目の前にある作品には使えないということだ。この文脈のこの言葉、というのはすべて、僕が生涯に一度しか出会わない出来事なのだから。

今度は日本語との苦闘が始まる。いったん身体イメージとして掴んだものを、この訳語でちゃんと表わせるのか。A3に拡大コピーしたテクストがどんどんと赤い書き込みで埋まっていく。国語辞典を引く。類語辞典を引く。でもやっぱり、辞書から持ってきたものは死んだ言葉でしかない。参考になる情報を集めきると、次はテクストそのものに飛び込む瞬間がくる。

原文のうねりを掴んで見失わないように、原文の意味を損なわないように、本当に細い道を辿って日本語で作品を書いていく。それは一度英語で創作された作品を、日本語で再び創作する、という不思議な行為だ。そこに現われるのは、原文でもない、調べ尽くした辞書の日本語でもない、かといって僕自身の表現とも違う、いままで誰も見たことのないテクストである。もとのテクストに忠実に、という面では実に窮屈なはずなのに、うまく行っているときにはその窮屈さが感じられない。むしろ気分はこのうえなく自由だ。

この自由の感覚が僕は好きなんだと思う。ただ自分の好きに書こうとしても、結局は今までため込んできたものを変奏して外に出していることが多い。ちょうど即興演奏が、過去に上手くいったフレーズを知らないうちになぞりがちなのと同じだ。翻訳は違う。もちろんただ他人の言いなりなわけではない。原文の意味さえきちんと押さえていれば、それ以外をどうするかはすべて、翻訳者に任されている。

自分を捨てれば捨てるほど、むしろ翻訳者の自由は拡大する。これは、自分らしさを追い求めて見失い、どう生きればいいかわからなくなっていた当時の僕にとって、大きな気付きだった。自分を求めれば自分から遠ざかる。自分の才能や感性なんかをいったん脇において、虚心にテクストに向かい合うと、やがて自分でも知らなかった自分が見えてくる。もう自分らしさなんて無理に追い求めなくてもいいんだ。ただ虚心に、テクストと読者を繋げばいいんだ。翻訳をしていて、僕は深い安堵を感じた。そしてますます翻訳にのめり込んだ。

いったん翻訳という考え方が身につくと、なんでも翻訳として捉えるようになる。たとえば書評の仕事だ。作者も読者も同じ日本語を話しているのだから、翻訳なんて関係ないでしょ、というのは甘い。今までの体験、読んできた本、出身地の方言の違いなどにより、一人一人が使っている日本語はすべて違う。それを僕らが単一の言葉だと捉えがちなのは、本来わからないはずの言葉をわかった気になって過ごした方が、日常生活では都合がいいからだ。

けれども、いったん作品となった言葉は違和感に満ちている。テクストを読みながら、面白いと思う箇所、感情を引きつけられる箇所、理解できない箇所に線を引き、そのときに浮んだイメージや言葉を直接本に書き込んでいく。最後まで終わったところで見直して、抜き書き、メモを取り、連想を書き加え、資料を充実させる。

これは、テクストの大事なところをきちんと理解する、なんて話ではない。この場合、テクストの内容や意味はあまり重要ではないのだ。むしろ細部に徴候として現れている違和感や身体性などを手がかりに、その向う側にある、おそらく書き手すら気づいていないような思考のシステムに到達し、じっくりと時間をかけながらそれを自分の体になじませて、あくまでも内側から、テクストの内的な論理を掴み取る。そうした、日本語と日本語の合間にできた純粋言語の空間にまで到達すれば、あとは読み手に通じるだろう言葉にテクストを置き換えればいい。一度自分の体を通しているから、圧縮も書き換えも自由にできる。

おそらく、作家が小説や詩を書くときもそうしているのではないか。いまだうまく言葉にならない感情やイメージが無意識の奥深くから湧き上がってくる。作家の仕事とは、ただそれを忠実に辿りながら、経験や学習を通して身に付けたかぎりでの言語能力を駆使して、正確に精密に文字に写していくことなのだろう。

堀江敏幸は講演で述べていた。作品を書くとき、いつも自分は次の行に何がくるのかを知らない、と。しかし、確かにテクストは続いていくのだから、あらかじめ「それ」は知っているはずだ。「それ」すなわちフロイトの言葉で言えばエスは、自分でありながら同時に、他者として僕らに囁きかける。つねに他者に謙虚に耳を傾け、忠実に他者の声をなぞりながら自分の外に出ること。小説でも評論でも翻訳でもいい。どうやら書くこととは、自己表現とは正反対の運動らしい。

翻訳と出会うことで、僕は遅い読書の意義に目覚めた。そして二十八歳で、あらためて大学院に入り直した。もちろん、ゆっくりと翻訳し、ゆっくりと評論を書いていたのでは食えないという理由もある。まずは大学の先生になって、自分の好きなやり方で文学と関わり続けても生きられるだけの経済的基盤を得る必要があった。だがそれだけではなかったと思う。ちゃんと英語と向かい合い、外国と向かい合って、他なるものとの対話の力を磨きたい。今までただの自己満足で生きてきた自分を変えたい。

その後、論文を書き、アメリカに行き、大学で教えるようになった。その間もずっと翻訳をし、書評を書き、エッセイを書いてきた。本書に収録された文章はその一部である。授業でも、執筆でも、翻訳でも、僕はいつも自分の外に出て行くことを心掛けてきた。その瞬間に、自分が強い喜びを感じることを知っているからだ。そしてまた、読み手と確かな喜びを分かち合えることを実感してきたからだ。

これからも僕は、新たなテクストと出会うたびに狂喜する読み屋でいたい。

目次

狂喜の読み屋

II

息するように本を読む

III 文学を超える文学 171

初出誌紙は各作品の文末に示した。

I

本から世界が見える！

天誅としての文学　町田康『人間小唄』

本書の目的は革命である。現に主人公の小角は未無に、「それってでも結局あなたが自分にとって都合のよい環境を作りたいだけですよねぇ」と言われると、「いつの時代も革命っていうのはそういうものだよ」と呟《つぶや》くではないか。だから紀田のような、他人のアイディアにただの思いつきを混ぜ合わせ、原稿料をせしめて国民の感性を堕落させるばかりの作家のもとへ、小角は未無を派遣して性的に誘い、夢の世界の原理で動く、涅槃《ねはん》ともあっちとも呼ばれる別世界に彼を拉致して三つの試練を与えるのだ。「一、短歌を作る。二、ラーメンと餃子の店を開店し人気店にする。三、暗殺。さあ、どれを選びますか」。これらは恣意的に見えるが、実はそうではない。創作への本気さ、大衆の現実の認識、そして世直しの意志を鍛え上げ、糺田を真の作家として生まれ変わらせるための、至って教育的な過程になっているのだ。

従来、町田康の作品は、ダメ人間の生きざまを笑いに満ちた言葉遊びを交えて描いた、面白ナンセンス小説として捉えられてきたように思う。だがそれは、「全体としてはよくわかんないけど、けっこう笑えたし、まあいっかー」と言っているのと同じではないか。私はこの解説で、そうした町田康観に反論したい。第一に、彼の文章は単なる言葉遊びではない。それは現代の貧血化した日本語文を爆破し、言葉の命を限界まで探る詩的な冒険である。第二に、町田康の作品は「全体としてはよくわかんない」ものではない。むしろ明瞭な感情の構造のもとに作りあげられているのだ。

町田康が何をしているかを理解するためには、ジャン＝ジャック・ルソーについて考えてみるといい。実は町田康の作品の基盤となっている感情や目的、そして彼の人生そのものまでが、あのルソーのそれと驚くほど似ているのだ。革命といえば普通マルクスが思い浮かぶが、革命的感情の論理から言えば、ルソーの方がよほどわかりやすいのである。それは彼が知識人として異常な経歴の持ち主だからだ。

十八世紀初頭にスイスのジュネーヴで職人の息子として生まれたルソーは、通常だったら絶対にインテリなんかにはならないはずだった。だが放浪し、出会いを重ねるうちにほぼ独学で学識を積んで、音楽家となった。成功し、やがてはパリで国王の前で演奏するまでになるものの、彼の心にはある怒りが渦巻く。

パリで出会う上流階級の金持ち連中は偽善者の嘘つきばかりだ。腹の中では、どうせ田舎者で職人の伜《せがれ》の俺をバカにしているんだろ。くそー、腹が立つ。こうしてデビュー作『学問芸術論』で彼は、文明のおかげで人間は堕落したと断言し、『人間不平等起源論』で、そもそも人間関係なんてあるから嘘があるんだとか、社会や法律は金持ちが貧乏人を騙《だま》して反抗させないための偽の仕組みだとか言いまくる。そして小説や自伝『告白』なども書きながら、結局は十八世紀を代表する知識人になってしまう。

これはルソーにとって非常に困ったことである。そもそも文化の外側から来た人間として文化を批判していたのに、気づいたらその中心に祭り上げられてしまった。だがもはや庶民でもない。庶民はどんなに生きるのが辛くても、それを考察する言葉なんて持たないから。こうして世のため人のためにがんばったルソーは社会のどこにも居場所をなくす。

町田康もまた、ルソーに近いところにいる人だと私は思う。パンクロッカーになり、大阪から東京にやってきて、詩人、小説家になる。つねに音楽の外部、文学の外部にいながらも、その批判的なパワーで高い評価を得る。それでも知識人にはなりたくない。

でももはや庶民でもない。ならば、小説家を否定する町田康が小説家であり続けるためにはどうしたらいいのか。

ルソーを支えていたのは、神の前で常に正直であれ、というキリスト教の倫理だ。町田康を支えているのは、勤勉、倹約、忍従、正直、献身など、日本の庶民の生活を何百年も律してきた生活規範である。よく言う「お天道様に顔向けできるように生きろ」ってやつだ。民衆史家の安丸良夫は『日本の近代化と民衆思想』(一九七四)で語る。江戸時代末から明治にかけて、農村部に資本主義の論理、すなわち金さえあればなんでもできるという考えが入ってくると、それまでの道徳性は一気に崩れてしまった。そして堕落した世界への怒りが人々のなかで高まると、従来の庶民的な生活規範は極度に先鋭化した、と。

町田康の作品の中にはこうした、庶民の革命感覚が流れている。ちょっと待って、パンクロックや小説は歌舞音曲の世界のことで、勤勉や正直とは無縁なのでは、とあなたは思うかもしれない。だが町田康はそうは考えない。かつてスーザン・ソンタグは、『反解釈』で、芸術の責務とは感覚をつねに清新なものにし続けることだと言った。町田康もまたこの信念を共有している。すなわち、勤勉に正直に言語の実験を続けることを通して、庶民の生活規範と芸術は町田作品において融合するのだ。

町田の闘いは二正面作戦をとっている。もちろん通俗的な文学観は否定しているから、わかりやすい筋書き、一貫し安定した人物描写などは行なわない。けれども、いわゆる純文学の規範も受け入れない。彼にとって芸術的な、うまい文章など死んだ形式でしかないのだ。だから英語を入れる。「ツイッタル」なんて言う。青雲のコマーシャルソングが流れる。なかでも重要なのは、日本語の古い表現と大阪弁だ。「乏しい嚢中《のうちゅう》から銭を割いて弐g参gと」ということでテクストは過去と繋がる。そこには今の「センスがいい」とされる日本語など、東京のやつらが磨き上げた、歴史の厚みを持たない貧血した言葉だという認識がある。

登場人物の名前も重要だろう。紕田両奴とは、両が金の単位だったことを考えれば金の奴隷という意味かもしれない。新未無は、まだ若すぎて無、つまり空っぽの存在ということか。小角、またの名を蘇我臣傍安はどうだろうか。小角と聞いて思い出すのは役小角だ。修験道の開祖である彼は、河内の金剛山で修行した。そして蘇我氏の姓《かばね》は臣《おみ》であり、もと河内国石川の土豪であったとも言われる。町田の傑作長篇『告白』において、河内国石川の熊太郎は自分を郷里の英雄、楠木正成と重ね合わせ、十人殺して金剛山に立てこもり自害した。ならば小角は、河内の全歴史を背負った超能力者であり、世直しのために両奴をあっちの世界に連れ去れたのではないか。

かくして、ちょっとしたセンスのよさで適当に文章を綴って原稿料をもらい、女を口説いて生きていた両奴は、河内の魂である小角によって天誅を下され、異世界でさまざまな行を行なうことになる。そしてついには硬直した言語の崩壊にまで立ち会うのだ。「人間は謙虚に生きなければならない。傲慢であってはならない」という小角の言葉は皮肉ではなく、あくまで本気にとらなければならない。そうでないと町田康の凄味がわからない。何に対して謙虚になるのか。文学に対して、言葉に対して、そして言葉を生んだ人々の生に対してだ。

(……町田康『人間小唄』解説、講談社文庫、二〇一四年一月

太宰治の霊　町田康『どつぼ超然』

町田康は太宰治の霊を下ろす。これは単なる比喩ではない。最終章「ただ一切が過ぎていく」で主人公は、『人間失格』に登場する言葉を頭の中で繰り返しながら、まさに太宰が泊まった宿にたどり着き、そこで太宰の霊を下ろそうとする。もちろん彼は失敗するわけだが、作品全体としてはむしろ、その試みは成功している。

太宰治の霊を下ろすとはどういうことか。自意識の牢獄という太宰のテーマを引き継ぎ、なおかつ太宰のテクストが持つ自由闊達さを現代日本文学に注入するということだ。太宰の自由さは、この短篇「浦島さん」の一節を読むだけでもわかる。

おいでになるわけのない場所に出現したのが、不思議さ、ただの海亀ではあるまい、と言つて澄ます事にしよう。科学精神とかいふものも、あんまり、あてになるものぢやないんだ。定理、公理も仮説ぢやないか。威張つちやいけねえ。ところで、その赤海亀は、(赤海亀といふ名は、ながつたらしくて舌にもつれるから、以下、単に亀と呼称する)頸を伸ばして浦島さんを見上げ、

「もし、もし。」と呼び、「無理もねえよ。わかるさ。」と言つた。浦島は驚き、

「なんだ、お前。こなひだ助けてやつた亀ではないか。まだ、こんなところに、うろついてゐたのか。」


浦島太郎を勝手に現代風に書き直している時点でもう自由である。しかも科学的にと言った直後に、めんどくさくなると開き直って怒りだす。亀の呼び名についてあれほど逡巡していたのに、結局「亀」という呼び方に落ち着く。そしてやっぱり亀としゃべり始める。もうしたい放題である。これを新仮名遣いにしたら、町田康が書いたと言われても信じる人さえいるのではないか。適当かつ思いつきで編まれているように見える町田康の作品は、日本語でどこまで書けるかという先人たちの挑戦を受け継ぐ、という歴史意識に満ちている。

もちろん受け継ぐということは単なる反復ではない。聖書から『金色夜叉』、あみんの「待つわ」まで、町田はパロディという手法を多方向に爆発させる。それどころではない。もっともらしい決まり文句も、町田の手にかかればこうだ。「東大出のエリートと無職のシャブ中に同時に求愛され、東大出を選ぶかシャブ中を選ぶかは自身の選択なら、その選択の結果を引き受けるのも自分なのである」。こうなるともう、もっともらしいばっかりで、何の教訓だかわからない。だが読者が一瞬、そうかもしれない、と思わされてしまうのは、主人公の真剣さと、自分にとって都合のいい現実だけから組み立てた彼の論の意外に厳密な論理性ゆえだ。

だから、一見矛盾する二つの道路標識について彼はこう考える。「わからないのは、右に行っても、左に行っても、マリンスパ田宮があるということで、マリンスパ田宮、鳥窓駐車場、阿酒方面バス停（マリンスパ田宮）、田宮港がどういう位置関係にあるのかまったくわからない。なにかこう、空間が四次元にねじれたようになっているのだろうか。そのねじれに身体を浸して、温熱治療のようなことをするのがマリンスパ田宮なのだろうか」。あるあるネタから一気に四次元のねじれに身体を浸す、というSF的なイメージが導入される。しかも温熱療法なんて言い続けて、本人はことの異常さに気づいていないのが眩しい。

あるいはバーベキューのシーンだ。燃えるような幟の文字を見ただけで、もう主人公はこんなイメージを抱く。「あの幟から判断して壮烈なバーベキューであるには違いなく、火やなんかも焜炉でちまちまと燃やすのではなく、会場には紅蓮の炎が燃え盛り、その周囲を邪教の僧一千人が取り囲み、法螺貝を吹き鳴らし、奇怪なマントラを唱えているのではないか。〔……〕そんななか、自分でユッケを作って食べるもよし、紅蓮の炎に焼かれた巨牛を薄くスライスしてパンに挟んで食べるもよし」。ここまで勘違いできるとすればもはや天才である。あるいは、背景となっている熱海という場所そのものが天才なのか。

二つの引用部分に共通しているのは対比の妙だ。ここだけではない。「大怪獣お紺・南海の死闘」「余はタカラジェンヌになろうとおもう」「あのお、尻子玉の件なんですが……」。何をどう併置すればもっとも効果的かを、町田は緻密に計算する。なぜなら町田は詩人であり、彼の散文は常に詩として書かれているからだ。

町田にとって対比とは、複数の言語体系を移動していく手段である。関西弁、若者言葉、時代劇の言葉、日本近代文学の言い回し、外来語など、主人公は地理的に移動するだけでなく、複数の日本語間を移動する。それはまた、貧しくなってしまった現代日本語の枠を押し広げるという作業ともなるだろう。「お紺の松で是ッ非、降りよう」「御宅族」「閑話エニウェイ」における漢字の使い方、「ティーシャーツ」「ファサアド」「スゥエーター」という表記は、どうして決まりきった書き方をしなければならないのか、という町田の問いかけである。そしてそこには、常に英語と対峙しながら日本語の表現を生み出してきた彼の、パンクロッカーという出自が深く関係しているはずだ。

ただ笑わそうとしているだけにも見える作品の表面を支えているのは、深い倫理性だ。公共の利益について考えもしない者たちに対する義憤、金がすべての資本主義社会において堕落していくものへの批判、人は互いに尊敬しあい、心を寄せ合うべきであるという主張。町田の作品がきちんと笑いになっているのは、向こう側でそれを支えているこうした思考が大まじめなものであるからである。

きちんと歴史を踏まえた永遠のパンク魂に恐いものなど何もない。現代日本文学という世界に彼が存在することを感謝したい。

（……『群像』二〇一一年一月）

サリンジャーを書き直す

円城塔『バナナ剝きには最適の日々』

サリンジャーは死んでいない。円城塔がいるからだ。もちろんサリンジャーと彼では国籍も言語もジャンルも違う。だが、彼は亡くなったはずのサリンジャーの作品をいまだ書き続けている。

通常、作家は先輩から主題や表現を拝借する。しかし円城が取り出すのは作品の抽象的な構造だ。たとえば『オブ・ザ・ベースボール』において、サリンジャーの『キャッチャー・イン・ザ・ライ』から抽出されたのは、人生において人が落ちていくという上下運動とキャッチャーという存在だ。

ならばバッターがいてもいいじゃないか。そして天から降ってくる人々をバットで打ち返す男たちの物語が生まれた。こうして、内容面ではオリジナルと共通性がない『キャッチャー』の、ある意味で本物の続篇が書き上げられたのだ。

短篇「バナナ剥きには最適の日々」は、サリンジャー『ナイン・ストーリーズ』所収の「バナナフィッシュ日和」を再び書く試みである。結果として元の話とはまったく違うものになっているが、円城の実験は成功している。なぜなら、人は自己という牢獄から出られるか、というサリンジャーの問いを彼が引き継いでいるからだ。「バナナフィッシュ日和」でシーモアは女の子と魚の話をする。バナナの食べすぎで穴から出られなくなったバナナフィッシュはどうすればいいのか。そして肥大する自意識の出口を穿《うが》つように、彼は部屋で自分の頭に銃で穴を開ける。

一方、「バナナ剥き」の主人公は、宇宙人を探索すべく放たれた宇宙船内の人間型意識である。友人などあり得ない環境で、ただ淋しさだけは実在する。「哀しいなと思うのだけど、具体的な思い出なんていうものもドアの向こうで途絶している」。彼を笑うことはできない。友人とはスマートフォンの画面上の文字列のことで、肉体はその仮の置場でしかない、と感じる僕らと、宇宙船の彼は、他者を真に実感できない点で変わらないからだ。

円城の諸作品には多様な構造が登場する。だが、そこにある感覚はつねに同一だ。僕らはなぜ機械ではなく、死に腐敗する肉体でしかないのかという違和感、そして他者に行き着きたいという切迫した願いである。高度な抽象志向と驚くほど素朴な感傷のアンバランスさが彼の魅力だろう。

寝たきりの老人を動かして実写アニメを撮り、超人に仕立て上げる「祖母の記録」もいい。死すべき肉体を増やすだけの男女の恋愛への嫌悪や、老人や若者を弱者と決めつける社会を超えたいという思いが、グロテスクでさわやかな青春物として結実している。

（……………………………………………………『週刊文春』二〇一二年五月二十四日）

勇気の力　伊坂幸太郎『ＰＫ』

子供に恥ずかしくない生き方とは何か。中篇三本の緩やかな連作である本書で伊坂幸太郎は問いかける。純文学の問いとしてはあまりに直球過ぎるのではないか。そのとおりである。それは伊坂自身十分に意識している。作品に登場する作家は言う。「いや、以前にね、前向きな台詞で終わる小説を書いたところ、批評家に、青臭いと笑われたのだ」。それでもなぜ伊坂は青臭さを選ぶのか。時代が要求しているからだ。

本書で描かれる日本は暗い。たとえばそれは満員電車で表わされる。「無愛想で、無表情、心は通っていないが、チームワークが発揮されている」。愛情も喜びもないが、効率は最大限になるよう調整された人間関係が膨大に組み合わさり組織を作りあげている。組織がどちらを向いているのか、何をしようとしているのかは誰も分からない。ただ確かなのは、時に圧倒的な非人称の力で個人を押しつぶす、ということだけだ。

いつ失言して転落するかわからない。だからみな臆病になる。新たな局面を開こうと冒険をして、その結果失敗したら後がない。だからみな臆病になる。漠然とした、確実に見えない恐怖に窒息させられる。「臆病や恐怖は伝染するんだろう。一人が挫ければ、恐怖にしゃがみ込めば、隣の者もそうする。それがどんどん連鎖し、誰も未来に期待できなくなる」。

だからこそ、大臣は嘘の証言をすることを迫られ、サッカー選手は勝利のかかった大事な試合で、PKを外すことを正体不明の男たちに求められ、作家は誰だかわからない背広の男に、作品を薄っぺらにするような書き直しを命じられる。彼らは誰なのか。一体誰の意思でそんなことが命じられたのか。そもそも理由はなんなのか。いくら本作を読んでも、それらの問いには答えがない。隠されているのではない。そもそも実行している者も、彼に命じた者も、またそいつに命じた者も、誰も答えなんか知らないのだ。

タイムトラベルとか平行世界とか未来予知とか、本書では軽いSF的仕掛けが使われている。なぜか。現実の日本が、すでにSF的な状況に陥っているからだ。したがって伊坂幸太郎の本作は、言葉の本来の意味でリアリズムである。かつてピンチョンは、『ヴァインランド』や『競売ナンバー49の叫び』で、パラノイア的な闇の組織と、元ヒッピーや主婦など一般人の闘いを世界的な規模で描いた。今となれば、権力とカウンターという構図で考えることができたピンチョンは牧歌的にも思える。もちろんピンチョンの文章は稠密かつ祝祭的で、伊坂幸太郎のそれは軽い。だがそのことは、伊坂の世界認識の浅さを意味しない。むしろ事態は正反対だろう。

ピンチョンのような重厚長大な世界を文章で作りあげることにより、世界の悪と対抗できると信じられた時代がかつてあった。だが遥かに重く、息苦しくなった現代、フーコーの語る生政治が高度に研ぎ澄まされ、どこにも出口が見えない時代において闘うには、フットワークは軽く、文章はわかりやすく、仕掛けは単純でなければならない。そうでなければ、権力にすぐに追いつかれてしまうだろう。愚かで素朴で素早いこと。伊坂幸太郎の戦略は、見た目ほどシンプルなものではない。

組織のメッセージとは一つしかない。全体のために個は犠牲になるべし、である。「密使」で世界を疫病の蔓延から救うため、過去の世界にゴキブリが一匹送りこまれる。これで多くの命が助かるわけだが、一つだけ問題が起こる。歴史が改変された結果、どうしても特定の人物が死なねばならないのだ。彼は施設に隔離され、理由をきちんと説明された上で死を待つことになる。「『一人の人間の絶望により、大勢が救われるのであれば』私は何度も言い聞かせようとした。『それで良いのではないか』と。理屈としては理解できた。が、『その一人が、自分であること』の恐ろしさは受け入れがたい」。

最大多数の最大幸福というベンサム的な論理は、犠牲者が自分となったとき破綻する。過去にアーシュラ・K・ル＝グィンが「オメラスから歩み去る人々」で提起した問題が、伊坂幸太郎において先鋭化される。なぜこれが受け入れられないのか。それは、組織にとってお前はゴキブリと同じだ、という命題を自分で受け入れることになるからだ。カフカの『変身』におけるグレゴール・ザムザと同じように。

だから「超人」におけるテロリズムは「害虫駆除」と呼ばれる。予知能力を持った若者は、殺人を起こすだろう人々を駆除して回る。それは正義なのか。そして正義は過ちを犯さないのか。害虫とされた人々を抹殺することで、消え去る声とは何か。

絶望の悪循環を断ち切る手だてはないのだろうか。ある、と伊坂幸太郎は答える。恐怖と不安に打ちひしがれることなく、勇気を示すことだ。これまた素朴な、と呆れる人もいるだろう。だがそれは、単なるきれいごとではない。証言を拒んだ大臣はスキャンダルを暴かれ、社会的に抹殺されるだろう。PKを成功させた小津選手は非業の死を遂げる。事故なのか殺人なのかは誰にもわからない。そして書き直しを拒んだ作家にも、幸福な人生が待っているとは思えない。それでも、と伊坂は言う。「子供たちに自慢できるほうを選べばいいんだ」。この素朴さはなかなか手ごわい。

かつて大臣は、マンションのベランダから落下した幼児を両腕で受け止め、救ったことがある。大人になった彼に再会した大臣は言う。「この二十七年間、あなたに、『ああ、こんな男が自分の命を救ったのか』とがっかりされては寂しいからね、そうならないように必死だったんです。〔……〕だから、本当に感謝しています」。本作品中でも最も美しいシーンだ。そして大臣が世界に押し潰された後も、この言葉は青年の中で響き続けるのだろう。この一場面のためだけにでも、本書は読まれる価値がある。

（……『群像』二〇一二年四月

すっぽんの教え　戌井昭人『すっぽん心中』

戌井昭人の小説には、生きるとはどういうことかが書いてある。何言ってるんだ、そういうお前だって現に生きてるじゃないか。あなたは思うかもしれない。そういうことじゃない。『すっぽん心中』の主人公である田野は思う。「さっきダンプカーの運転手に『死にてえのか』と怒鳴られたことを思いだした。死にたくはなかった。でも死んでしまっているような気もした」。田野は今まで、漬物の配送の仕事をしながら、ただ日々をやり過ごすように生きてきた。でも今は違う。そういう日々を、彼は「死んでしまっている」と表現する。どうしてそう思うようになったのか。では田野にとって生きているとはどういうことなのか。

きっかけは交通事故だ。やたらとセクシーな女の車に追突され、田野は鞭打ちになる。首をしっかりと揉まなければ、横を向いたままになってしまうほどの大怪我を追いながらも、その「セレブタレント」の女のマネージャーが差し出した茶封筒には三万円しか入っていない。「タレント生命がかかっている割りには三万円というのは、ずいぶん安く、セコいし、馬鹿にされている気がした」。もちろん女の生き方には嘘がある。でも、田野だって嘘の中で生きている。女の尻を眺めながら、彼女が自分と寝ているところを想像する。マネージャーの言葉に怒りを覚えながら、ひたすら黙っている。もちろん、思った通りに振る舞えば社会人失格かもしれない。でも、そうやって毎日嘘の表情をし、嘘の言葉を吐き、やりたいと思っていることをやらずに良い人のふりをして、ちゃらちゃらしたマネージャーみたいなインチキ野郎にまでバカにされて、ただ寿命が尽きるまで生きるしかないのか。僕らが生きる日本社会はそうだと言う。でも戌井の小説は違うと言う。

田野の前に教師が登場する。公園で出会ったモモだ。公園のベンチで田野が鳩たちにイライラしていると、たまたま隣に坐った彼女はいきなり直接行動に出る。

「あたし、鳩、嫌い。お兄さんは好き?」

「おれも好きじゃない」
「ですよね」と言うと彼女は、突然、「こんにゃろう!」と怒鳴り、鳩を蹴散らしはじめた。田野は驚いた。

これが啓示の瞬間になる。鳩が嫌いだから蹴散らす。普通大人はそういうことはやらない。モモは普通じゃないからやってしまう。強烈に不幸な人生について語りながら、それが苦労だとは思っていない。金も泊まるところもないモモと田野はホテルに行く。「彼女の尻は、若いからハリがあった。今揉んでいるこの尻は、あの女よりも数段素晴らしい気がしてきた」。タレントの尻はヴァーチャルな尻だ。そんなものではなく、今ここにあるリアルな尻を愛すること。幻想を欲望させ、そこに金銭を発生させて、我々の人生を限りなく吸い上げ続ける高度資本主義の罠を断ち切ること。

思えば、戌井の作品ではそうした精神の運動が扱われてきた。名著『ひっ』で主人公のおじのひっさんは、フィリピンで拳銃の密売などヤバい商売をしまくったあげく、日本に戻ってきてカリスマ的な作曲家になった。だがイカれた男に刺されたのをきっかけに、ロータスを軽トラックに買い換え、三浦半島の三崎としか思えない海辺の田舎に引きこもって農民になる。「ひっさんは服装も雰囲気もかつてとはがらりと変わり、作業ズボンに麦わら帽子と長靴で、あえてイナタクなろうとしている感じであった」。海で取れたての魚を食べ、収穫したての野菜を食べて生きる。どんなにベタに見えようとも、美味いものを食べたとき、我々の身体はどうしても強く反応してしまう。賢い頭にはわからないことが、愚鈍な内臓にはよくわかる。

だから「すっぽん心中」の二人も水のある田舎に向かう。場所は霞ヶ浦だ。そこで、凄まじい生命力を持つすっぽんに田野は指を食いちぎられそうになる。すっぽんにつられてモモの生命力も頂点に達する。「すっぽんの生命力は凄まじく、トートバッグの中でまだ動いていた。するとモモはトートバッグの取っ手を両手で持ち、野球のバットをスウィングするように、鉄橋の柱に何度も叩きつけた。『くしゃっ、くしゃっ、くしゃっ』、鈍い音がトートバッグの中から聞こえてくる。モモは狂暴性が一気に沸点に達したみたいな目をしていた」。すっぽんも生きる。モモも生きる。行動に幻想は介入しない。血だらけのトートバッグの中で死んでいるすっぽんのことを思いながら、田野は自分たちが、心中に失敗して戻る途中の二人みたいだなと思う。いや、むしろ心中は成功したのだ。東京に近い異界である霞ヶ浦で、生きるに生きられない田野はすっぽんに変化し死んだ。そして別人として生き返った。

噴出する生命力は、戌井作品において重要なモチーフになっている。モモの狂暴な目に、田野は生きるとはどういうことかを教えられる。こうした教育のシーンは『ぴんぞろ』にも登場する。だらだら生きている主人公は偶然が重なり、田舎の温泉場で、芸人でもないのにストリップの司会者を住み込みでやるはめになる。しかし、ごろごろしているだけだと思っていたストリッパーの舞台を見て、彼は衝撃を受ける。「彼女の踊りは、昼間、炬燵の前で眠っていた姿からは、想像もできない動きだった。野生動物のような清々しさと同時に艶かしさもあって、おれは見とれてしまった」。女は動物になり、力を帯びて輝く。

ここにきて、田中小実昌の「ミミのこと」のような一連のストリッパー小説の系譜と、ジョルジュ・バタイユのエロティシズム論がぶつかり合う。旅の感覚は深沢七郎のようだし、遊びに満ちた文章は町田康を思わせる。でも、そう見えてそれだけではないのが戌井昭人の魅力だ。出世など少しも思わず、将来は見通せず、ただ閉塞感だけが募る「すっぽん心中」の感覚は、正確に今の世の中を写しているし、「植木鉢」で妻にも他人にも見下され、細かく執拗な怒りだけが募る状況は誰しも身に覚えがあるだろう。だから、戌井の作品をただの面白い小説だとも、昭和っぽいテイストをうまく引き継いだノスタルジックなものだとも思ってはいけない。戌井の小説が提示するリアルさは直接、現代の読者の無意識に入り込み、こっそりと記憶を書き換えて、世界の見え方までも変えてしまう。要するに、彼の作品はひたすら優れた小説なのであり、読書好きの我々は、読まずに死ぬわけにはいかない、ということだ。

(『新潮』二〇一三年十一月)

流動する世界　金原ひとみ『憂鬱たち』

もういいかげん綿矢りさと結びつけて考えるのはやめにしていただきたい。そして、ああ、セックスとかタトゥーとかピアッシングとかについて書いているほうね、と簡単にすますのも禁止である。だいいち、若くてきれいな女性作家という分類自体が失礼ではないか。「バニラクリームは多ければ多いほどいいよね、バニラクリームの少ないラテなんてラテじゃないよね。あなたはそういう女でしょう？　彼の言葉にはそういう意図が籠められていた。でもそれは偏見だし勘違いだ」。

それでは、本書では何が行なわれているのか。ありきたりの日常的理性から常にずれていく身体や自己である。あるいはその自己が放りこまれた、これまた不都合に流動していく世界であると言ってもよい。「デリラ」「ミンク」などカタカナ三文字で名づけられた七つの短篇は、すべて同一の構造を持ち、同一の登場人物を持つ。構造とは、主人公である神田憂がどうしてもたどり着けない虚の焦点としての精神科であり、彼女の旅路に脇役である中年男カイズとかっこいい青年ウツキが絡みながら全作品が展開していく。

季節性の熾烈な鬱に悩まされる憂（名前自体「憂い」だ）は症状が安定した今日こそはと精神科に出かけるのだが、その度に偶然の出会いによって秋葉原に、服屋に、耳鼻科にと不本意な場所をめぐることになり、いくら経っても精神科に行き着けない。他人に呼びかけられ、誘われるがままに、なぜか彼女は当初の目的を見失ってしまうのである。ならば憂は極度に意志の弱い人物なのか。どうもそうではないらしい。「何となくもう引き返せない状況というか、後に引けない状況にしようとしている自分に気付く」。そうなのだ。自分の意思でないわけでもない、という曖昧なところで面白そうなほうに乗っかり続けているのである。読んでいくうちに、むしろ精神科を避けるためにこそこの遍歴の物語が書き連ねられているようにも思えてくる。それはおそらく間違いではない。実は彼女は精神科を憎んでいるのだから。「以前、私の字が珍妙だと言い、そこに精神病理を見出そうとした精神科医がいたが、それはまた不毛な話だ。〔……〕私が別段意味はないと言っている行為に、意味深だ意味深だこれは意味深だといちいち突っかかってくるお前の方が異常だ。という結論が出たので私はすぐにその精神科への通院を止めた」。まさにその別段意味がないと患者が思っていることに突っかかるのが精神医学の仕事なのだろうが、解釈される側にとってはたまったものではない。解釈され、どのような異常なのかと分類整理され、日常的な理性に復帰するまでの道筋までもが示されてしまうのだから。そうした囲いこみを逃れ去る力が文学だとすれば、憂の逃走には理由がちゃんとある。

それにしてもなぜ珍妙な字を書いているのか。それは憂が、字は意味を伝えるべきでないと考えているからだ。したがって彼女は常にくねくねした字を書き、履歴書には「ぎりぎり判読可能な程度」に小さく書きこみ、しかも唾を付けた指で憂という字をこする。「私は、憂という字が滲むと水墨画のように美しく見えるのを知っているため、自分の名前を書く時にはよくこうして滲ませているのだ」。唾液で字の輪郭は曖昧になり、それとともに自己も曖昧になる。その頂点がカイズという名前だろう。作品中で音だけが繰り返されるが、名字か名前か、はてまたどんな漢字かさえ明かされない。日本人なのか日系人なのかさえわからないのだ。しかもその名前が俺、僕、私といった複数の代名詞で受けられることにも憂は魅了される。

そうして曖昧になった自己の隙間から無意識が顔を出してくる。「その時、渡りに綱、渡りに船、助け船」「不愉快不快超不愉快」というようなアナグラム的な反復や、「脇の下が触手でメガって」「耳鼻科と精神科がオールインワン」「どうせまたストレス疲労コンボ」といった口語的な表現も、頭で考えているだけではなかなか出てこないはずだ。「資本や政治など、無意識の内に人をコントロールしている機関があって、人間は知らず知らずの内に飼いならされ家畜のような存在になっている。そういう状況下で個人が無意識を解放していくと、狂人のような扱いを受ける」（『本の話』インタビュー）。

確かに、許されぬ無意識を爆発させるのは文学にとって義務である。だがその無意識をただ自己愛的に拡大する、というふうには本書はなっていない。必死に目力をいれて憂は自己を守ろうとするのだが、周囲の人間は強い視線で彼女を脅かし、頭の中に入ってきては少女時代の記憶を盗み出す。なにより彼女が恐れているのは男性の性欲だ。「理由は分からないけれど、私は男の性欲に関して考え始めると途中で男の性器がドリルのようにとんがってこちらの目を突いてくる想像が止まらなくなり本当は先端恐怖症じゃないのに先端恐怖症のようになってしまうのだ」。ここを見ても、金原は単にセックスを快楽的に書いている作家ではないということがわかる。すなわち、金原作品の主人公たちにとって、視線やピアスやペニスに貫かれることは苦痛を伴う自傷行為であり、だが同時に、果てしない自己批評によってぱんぱんに腫れ上がった自意識の圧力を暴力的に抜くという治療でもあるのだ。

こうした二律背反と、常に繰り返される自己批評の運動が、ときにテクストに強い笑いをもたらしてくれる。難聴の検査で医師に「それはつまり、耳を澄ませた状態でやるんですか？　それともリラックスして普通の状態で聞こえたら押せばいいんですか？」と憂は突っかかり、「迷った時は押す、という事にしようか迷った時は押さない、という事にしようか迷っている内に、右耳の検査は終わった」。こういう分かっちゃいるけど止められないというユーモアがたまらない。純文学なんて詰まらないと決めつけている人こそ金原ひとみを読むべきだ。そうすれば、現代においてなお、面白くかつ高度な純文学があり得るとわかる。

（……『群像』二〇〇九年十二月）

ほんとうのこと　『変幻自在の人間　小島信夫批評集成第二巻』

1

小島信夫の小説はわからない。別に文章が難解だというわけではない。『残光』のように誰がしゃべっているのかさっぱりわからなくなったり、文法がおかしくなったりすることはしょっちゅうだが、それでも一文ずつは意味が取れる。だがその文章が積み重なるとよくわからない。

『抱擁家族』がいい例だろう。国際交流のためだろうか、アメリカ兵のジョージが家にやってきて妻とセックスしてしまう。そのことに気づいた夫は「これから何をいい、何をしたらいいだろう。そういうことは、どの本にも書いてはいなかったし、誰にも教わったことがない」と思いながら、とりあえず妻を二、三発なぐりつける。軍隊式なのか、と思いきや、自分の性的能力に自信がないのか、どうせ始まったものならジョージと妻との関係を一回で止めさせず、「ああ、あんな不機嫌な舌足らずな自分との交渉ではなしに、十分に味わわせてやればよかった」と考える。これは奇妙な親心のようなものなのだろうか。そして妻が乳癌になると、「なぜこの病気がおこったのだろう。なぜあのことがおこったのだろう。この病気のために、あのことがおきたのだろうか。あのことと病気とは何のかんけいもなかったのだろうか。二つとも、おれのせいなのだろうか」と自分を責める。

もちろん夫がどうしていようが関係なくジョージと妻との不倫は起こったかもしれないし、どんな正しい夫婦関係を維持しようとも、妻は癌になるときは癌になってしまうだろう。だからこそ夫には何も止められないのだ。だがそんなことは彼自身にもわかっている。それでも、どうしようもなくこんなふうに思ってしまう。彼は自分でも自分がわからない。そして端から見ている読者も同様にわからない。だが、そのわからなさだけは作品から生々しく迫ってくる。つまり、わからないということだけはわかるのだ。

小島信夫は言う。太平洋戦争に突入して死が目の前に迫ってきたとき自分はどう思っていたか。「別にどうということはない。いい考えが浮かぶわけでもなく、人間というものはそのときになってみなければ、何も本当のことを分るものではないし、その時になれば、また既に渦中にあって動かされているだけで、よく正体がつかめない」(『文学断章』)。事前にはわからず、真っ只中でもまた翻弄されるだけでわからない、と述べているのである。わからなさを単純にわかるようにしてしまわず、わからないままにきちんと摑むこと。どうやら小島信夫の文学の方法とはここらへんにありそうだ。

逆からアプローチしてみよう。小島信夫にとって、わかることとは何か。単純化されたこと、善悪がはっきりしていること、みながいいと受け入れていることなどがそうだ。たとえば民主主義である。自分より下の世代の作家たち、大江健三郎も石原慎太郎も江藤淳もみな民主主義を当たり前のものとして考えている、と小島は言う。

彼等は民主主義の念仏の中に育ってきた。占領軍の下で、急にこの念仏を唱えはじめ、彼らも念仏を唱えることで、優等生になりかかった。この頃はヒューマニズムとかデモクラシーとか、文化国家とかいう言葉が合言葉となって、今よりもっと空しく観念的にもてはやされた。

(『変幻自在の人間』)

正しいに決まっている民主主義だが、これは日本では観念でしかない。歴史の中で重ねられてきた血も肉も感情も欠如している。だからこそよくわかる。だからこそ誰も反論できない。

外国から押しつけられたといわれているこの民主主義というものは、個人の尊厳を認める、というような高級な余裕のあるものでないことは、いうまでもない。市民生活を尊ぶというようなことは、時間と伝統の中ではぐくまれるものなのに、もともと、非社交的で、外へ出たら七人の敵がいるといった感じ方の中で育った日本人が、急に大人になれるわけではない。民主主義というものは、一言で言えば、大人の考え方である。民主主義をたきつけられて、青年たちは自分たちがバラバラになったかんじがした。民主主義は観念的なものであり、そこへもってきて、民主主義は、そもそも生き甲斐の足しにはならないものなのである。（同上）

突然自分の思うようにしろと言われても心は寂しくなるだけだ。そして「平均化され、砂粒にされ」たからこそ、たとえば若者たちは学生運動に走ったりする。だが一時の祭りで寂しさが消え去るわけもない。「何よりも、実質的に心が貧しくて仕方がない」という実感だけが居すわり続ける。もちろん小島は民主主義を否定しているわけではない。ただ民主主義を唱えることで私たちは幸福になったのか、と問いかけているのである。あるいは男女関係である。男女平等が正しいことは誰にも否定できないだろう。だが、フェミニズムが日本よりはるかに進んでいるアメリカ合衆国において、愛することの苦悩は一掃されたのだろうか。そうではないことはアメリカの映画や文学をみればすぐにわかる。小島は言う。

ここに非常にものごとを真面目に、エゴイズムについて考えたり、いろいろ真剣に考える人間が実際にいたとする。ちゃんと教養ある男性が。また一方、女の人がこうこうこれだけの美点を全部備えている。それこそみだしなみもいい、教養もある、いろんな思いやりもある。ところが、そういう男女がいたときに、その女の人を男の人が必ずしも好きになるとは限らない。となると、人間にとって、なにか別の大事なことがあるんじゃないかということを前面に出してきたのが谷崎ではないかということ。（同上）

ならばその別のこととはなんだろうか。それがおいそれとはわからないからこそ文学があるのだろう。単純な性的魅力や動物的な欲望なんてものより、よほど複雑でままならないものに近づこうとする試みが文学なのだ、小島はそう言っているように思える。

2

文章の話を続ける。なぜ小島の文章は奇妙に揺れるのか。妻の死を目前にした夫は看護師に言う。「僕は家内が助かって、とにかく命だけあってくれたら、色々話したりすることが、沢山あるもんだから」（『抱擁家族』）。浅くなってしまった息を表わすような息継ぎの句点を通じて、夫の切迫した気持ちが目の前に現れる。極端に言えば、小島にとって文章とは意味を伝えるものではない。むしろ語り方によって、もっと言えばそのブレ方によって、無意識的なものまでを届ける媒体になっている。だからこそ「吃音学院」の生徒たちも、「微笑」の障害を持った息子も吃るのだろう。言葉が意味から遠ざかり、わからなくなればなるほど、小島的な文章の強度は増していく。

反対に、整った文章を小島は嫌う。彼はロバート・ペン・ウォレンを批判してこう言っている。「ウォレン氏は短篇も長篇も、名文である。一分の隙もない、二十二枚の短篇も、どうも感じさせるものではないような気がする。アメリカの小説というものは、どの小説を読んでも、文章に乱れがない。乱れがないということが、必ずしも美点とはいわれ得ないことのショウコを、屡々《しばしば》見せつけられる」(『文学断章』)。名文であることは必ずしもいい文学の条件ではない。整っているがゆえに感じさせるものが少ない文章では駄目だ。

そしてサマセット・モームの面白さも批判している。「『雨』は名作であるが、面白い小説の欠点というものがある。読後、はたして、この牧師や娼婦が鮮やかに脳裏にきざみこまれ、生き続けるだろうか。のこるのは、その話の強烈さそのものである」(同上)。ストーリーの面白さによって登場人物の生々しさは殺されてしまう。読後、長い間を経て急にフッと作中の気配みたいなものがよみがえるとき、そこで実現しているものはなんだろうか。

名文も駄目、面白い小説も駄目というのはかなり極端な考え方である。少なくとも、売れようなんていう俗っ気はまるでない。ならば、小島にとって何が価値があるのか。もちろん、明治大学で長くアメリカ文学を講じていた小島信夫は堂々たるアメリカ文学者でもある。彼は英米の文学を単純に否定しているわけではない。それが証拠には、アルメニア系のサローヤンの新鮮さを褒めたたえ、ユダヤ系であるソール・ベローの『ハーツォグ』に感じ入っている。「手紙の文章は意識の割れ目から地下水がほとばしるようなぐあいである。それに不思議な拡がりをもっていることが面白味となっている」(同上)。地下水のようにほとばしるものとはなんだろうか。無意識的なもの、と言ってみても答えにはならない。自分でもなんだかわからないもの、と言っているのと同じだからである。それでも小島の小説を読み解く手がかりにはなるだろうが。

視線を向けると、縁の部分で何かが起こっている。確かに見えた気がするのに、そこに視線を向け直すと消えてしまう。視野の周縁にあるものを、周縁にあるままにつかまえること。小島信夫にとって文章はそうした道具である。だからこそ、小島の文章は揺れ、吃り、途中で主体も入れ代わる。そしてまた説得口調で正しいことを声高に語ることを徹底的に避ける、という倫理がそこにはある。小島は教育の目的についてこう語っている。「私は、大勢と話をするときにも、静かに二、三人としゃべるときの表現法をいかに持続するかが、せめてもの信条と考えているし、もし教師が学校で教えることが多少あるとすると、その一つはそういうことだ、と思ってもいいのではないかと考えている」(『変幻自在の人間』)。単純化された言葉に頼るのではなく、目の前の人にただ語りかけることが大切だ。僕はこうした考え方を美しいと思う。

3

ここまで書いてきて気づいたのだが、小島はアメリカ的なものに徹底的に抗っているのではないか。民主主義や平等はアメリカの中心的なイデオロギーだし、きちんと整った名文というのもそうだ。これはもちろん、日本的なものの称揚にまっすぐ繋がるわけではない。彼が日本文化に潜む卑しさや醜さを憎んでいることは「アメリカン・スクール」や「小銃」などの戦争小説を読めばすぐにわかる。

そしてまた、サローヤンやベローといったマイノリティの作家たちを評価していることからもわかるとおり、アメリカを全面否定しているわけでもない。現に若者の視点からアメリカ社会を批判したサリンジャーについて小島はこう述べている。「この作家が『ライ麦畑でつかまえて』のような作品を書いたあと、二度とああいうものを書くことはあるまい。少年の眼にうつる世の中を書いたこの名作のあと、作者は見られる側の大人の立場にも立たなければならない」（『文学断章』）。これほど鋭いサリンジャー批判はないだろう。要するに、小島に言わせれば、たんなる否定では駄目なのだ。否定するでもなく肯定するでもないという場所で、身体的な違和感にも似た、意味不明の愚痴めいたことをくよくよと執拗に語り続けること。つねに要約不可能であるように、文章や作品をずらし続けることが重要である。小島作品が、どんなに短いものですら見通しの利かない、無限に続く反復のように感じられるのはそのせいだ。

それにしても、小島はなぜ、民主主義や平等といった、戦後絶対に正しいとされた価値からずれ、批判していく力を得ることができたのだろうか。個人的に優れていた、からだけでは必ずしもないだろう。彼より下の世代にも優れた作家はたくさんいる。むしろ彼の特異性は、外国を文物としてではなく、身体をもったものとして体験したことにある。そしてその体験の場所は、もちろん戦争だ。単に本で読んだのなら、きれいな言葉もいくらでも信じられる。理屈が通ってさえいれば、それらが真実だと信じこむことも可能だろう。現に明治以来、日本の知識人たちは横文字で読んだ高邁な知識を仕入れてはその代理人として振る舞ってきた。その構図はいまだ基本的には変わっていない。しかし、知識の向こうには必ず身体がある。生活があり、本音があり、知識を生み出す苦しみがある。そうした知識の持つ身体性を一度知ってしまえば、きれいなものごとを額面どおりには受け入れられなくなる。

日本敗戦の前、小島は北京で日系二世たちとアメリカ軍の無線を傍受する仕事をしていた。「〈昭和〉二十年の八月十日に、傍受していた二世たちがみんなレシーバーを投げ捨てた。マニラでは祝砲をあげているという」(『小説家の日々』)。日本人でありアメリカ人でもある彼らに頼らなければ傍受はできない。だがともに働く彼らへの違和感を捨てることもできない。こうした気持ちは「燕京大学部隊」にも登場する。アメリカ軍への感嘆を口にする二世の兵士に対して「出口は、すごい、と云っていては駄目だ、これは敵ではないか、と云いたくて仕方がなかった。ただし、そうすれば連中は『すごい』情報は、あるいは取ることを止めるかも知れない」（『アメリカン・スクール』）と思う。

あるいは、その後「星」といった作品に登場することになる混血の兵士もいる。「十人ばかりの兵隊の中に、アメリカ人と日本の女との混血児の二等兵がいた。目の色が青くて、背は六尺ぐらいあり、日本語は私より上手だが、天津の外人の学校で教育をうけていたので、英語も達者だった」（『小説家の日々』）。日本人である自分より日本語がうまく、英語も達者な青い眼の日本人とはいったい何なのか。彼らと暮らした小島にとって、アメリカとは本の中の存在ではない。ともに生きる同僚であり、日本と混じり合う血であり、生きた身体である。だからこそ、『抱擁家族』の妻と寝るアメリカ兵という発想が出てくるのだろう。そして妻と寝てしまえば、アメリカに対してもきれいごとではすまなくなる。

4

小島信夫の作品において、従軍体験は核の一つとなっている。考えてみれば、軍くらい本音と建前が乖離した場所はない。高邁な理想を語りながら星一つの違いで差別し、見下し、いじめ、痛めつける。いつ死ぬかもしれないまま、気づけば兵士は殺人機械に成り下がり、組織の論理を外側からは見られなくなる。

はじめはバカにしていたが、あとになると、階級があがるのがうれしくもなった。兵長になってうれしかった。集団生活をしていたり、男ばかりいっしょに暮らしたりすると、人間がどういうふうになるものか、ということが、兵隊になる前よりはよく分った。／いじめられる人は、いじめられるように出来ていて、一度いじめられはじめると、益々いじめられるようになるということも、分った一つのことである。そればかりではない。そういう人間がまわりにいることが、どんなにほかの者にとって励みになるか、ということも分ったことである。／私はどちらかというと、こういう人間のよくない感情というものを憎むもののひとりであるが、それがいじめたい気持を十分に味わったり、いじめられる人間をまわりにもつ喜びを味わったりした。／人間というものは、どれだけも卑しくなれるものである。食物やそれに類したことで、どれだけ、そねんだり、出しぬいたり出来るものか、じぶんもまた例外ではない。

（『変幻自在の人間』）

横行するいじめ。そしていつしか、階級が一つでも上の者は絶対的に偉いと思うようになり、一つでも下の者は限りなく見下すようになる。自分だけはと思っていても、そうした組織の論理から独立していられるほど強い人間はいない。あるいは、いくら批判的な感覚を持っていても、いざいじめの場面を見れば喜びを感じてしまう。こうした場面は「星」にも登場する。「通りすがりにその男がなぐられている様子を見て、自分でわけがわからなくなりました。何故なら、その男がなぐられているのが僕に快かったからです。その男がそうされるような、いわゆる悪い男ではない。僕が見ていて快感をかんじたのは、実は彼の醜さにやり切れなく思ったからなのです」(『アメリカン・スクール』)。いじめの喜びを自分で感じてしまっている以上、批判すべきは組織だろうか、自分だろうか。しかもその自分の自由意志すらも失われているとしたら、文学が切り裂くべき場所とはどこなのだろうか。

だからこそ、軍が解体されていく過程は重要である。「星」で敗戦後、大尉は自決すると言い、次に共産軍に入ると言い、ついには英語を習いだす。あれほど日米混血である主人公に日本人たれと説教していたのに、今は誰よりも英語を熱心に学び、群を抜くまでになる。「文法ならお前に負けはせんのだが」という大尉にとって、英語は必要に応じて身につけるべき知識でしかない。だが主人公にとっては、状況によって身につけたり捨てたりできるような便利な、外部的なものではもちろんない。

このあと小島作品の登場人物は戦後の民主主義やマイホーム主義といったものの中に入っていくことになる。どの時代にも正しい考え方というものはあるものだ。しかしながら、一度理想に裏切られた者はもう、別の理想の中に完全に身を沈めることはできない。理想を語る人間の醜態を見てしまえば、そのあとは人が言っていることとやっていることの差にしか目は向かなくなる。小島は自分も一人である「第三の新人」についてこう語っている。「私や、私よりいくぶん若い、文壇仲間では、いつのまにか、『第三の新人』と妙な名前で呼ばれている人たちを産んだ。この人たちは、戦後派といわれている人たちより、ずっと日常的なものに興味をもち、おそらく、前者よりずっと権威を信じていない。人によってわざと卑小な人間を描こうと思いはじめた」（『変幻自在の人間』）。そしてこうした卑小さの探求もまた、自分でさえ見えないこと、わからないことを摑もうとする試みだと言えるだろう。

5

小島作品に登場する家庭は、軍隊と地続きである。それはたとえば、「星」で兵隊よりも偉いといわれた馬の五郎が、「馬」で主人公のライバルとして登場する競走馬として再び出てくることからもわかるだろう。そして家庭では、軍隊式のマッチョ主義は徹底して転覆されることになる。「馬」で妻は、夫の許可もなしに勝手に建て増しを行ない、気づけば一階には五郎が住んでいる。「自分の家に、自分より遥かに男らしく逞しい動物が——それがにんげんでなくとも僕の家に常住いるようになるということで、心に平衡を失わぬ男がいるであろうか」（『アメリカン・スクール』）。美しい五郎は妻と家の書物を独占し、しかも妻に話しかけている様子である。『抱擁家族』においても家長の権威が完全に粉砕されることは見てきたとおりだ。実は小島自身も妻を亡くしている。

私は自分のやってきた結婚生活、夫婦生活を、心安らかな、落着いたものとして、満足すべきものとして行ってきた記憶がない。いや、心安らかな落着いたものであっては、忽ち不満足となるような分子が、自分の中にあるのかもしれない。いずれにせよ、その私が妻を病気で失ったとき、どんな状態であっても生きながらえていてくれたらと思った。そのくせ、私はそんなことを思いながら、その状態が長くつづいたら悲鳴をあげかねなかったこともまちがいない。だが人間というものは妙なもので、そのときはそうとしか思えないように出来ている。それより私には、奇怪に思えるのは、ときどきは憎ったらしく思っていた女のゼイ肉というものを、眼がさめるようにありがたく感じはじめたということである。ちゃんと身体に肉がついていることが、たとえ他人の身体であってもよろこばしくありがたく思え、そういう身体を持った女性を妻としてもっている友人を羨ましく思えて仕方がなかった、ということである。

（『変幻自在の人間』）

家庭に安住もできない。だが妻を亡くすとなれば、その存在がどうにもありがたい。それほど家庭が嫌だったら、むしろ喜んでしかるべきではないか。だがそんなに単純なものではない。一人になればさっぱりするといったものではないのだ。

何も女性にかぎったことではないが、人間というものは、うるさいな、と思っても、利害関係があったり、夫婦であったりするのだ。相手が話をきいてくれたり、涙を流しても、その涙を見てくれたり、こいつは困ったな、それなら仕方ないやと思わせることが出来たり、その他さまざまの行ないが、ちゃんと相手にひびき、自分も何か生きていると実感できなければやって行けやしないように、私は思う。つまりいいかえるならば、相手がちゃんといつもあるということが、困ったことに、まことに困ったことに、必要のようである。

（『小説家の日々』）

うるさい相手といることがなぜありがたいのか。それは自分でもわからない。でも相手が存在するということが、自分が生きることの条件となってしまっている。人間は生き物である以上、性という、精神的なだけでなく身体的なものに縛られ続ける。『抱擁家族』の主人公は一貫して妻の気持ちを理解できない。しかしそれでも、彼女の存在を求めて、ウェディングドレスのようなピンクのネグリジェを妻に買ったりする。「彼は自分の妻が病院の患者であることも、すっかりふけてしまった枯木のような病妻であることも忘れてしまいそうになった。それどころか、病気をする前よりも二十も若い、水々《（ママ）》しい妻であるような錯覚に陥った」（『抱擁家族』）。どうしてそんなことをするのか。なぜそんなことを感じるのか。それは、愛なんて言葉では表わしようもない強い感情ゆえだ。でもとりあえず、それを愛とでも呼ばなければ仕方がない。

もう一つだけ。小島信夫はセックスについても語っている。「男が自分が満足するためだけに女を扱えば、自分が満足させられなくなる破目におちいるのだから、この事実は身にしみて分るはずなのである。この事実だけがそうであって、性生活以外はそうでないということはあるはずがない。ところが、私達はこのことを時に忘れてしまう」（『小説家の日々』）。性において自分を捨てれば捨てるほど自分に到達できるという不思議。愚かになるほど賢くなる、という逆説がここにはある。小島にとって、性もまたわからなさに飛びこんでいく道なのだ。

6

ここまで見てきて自明なように、小島にとって知性とは、わからなさに対して畏敬の念を持つ力のことである。「知的というのは、世の中の複雑さということをよくわきまえるということ、他人のことを考えるという想像力をもつということである」(『変幻自在の人間』)。軍隊にしても家庭にしても仕事にしても、単純なことなど一つもない。前もって明確に切り分けられている善悪など存在しないのだ。そしてまた、尺度をアメリカにとり、ここまで到達したからこれだけ進歩した、なんて発想も意味がない。あるいは、身近であるはずの妻や子供でさえ、肝心なところはわからない。だからこそ、ほんの少しでもわかろうとするのが知性の働きである。この定義は世間の常識とはほとんど逆に思える。瞬間的に判断を下し、相手のことをすぐに分類してわかったつもりになるのが世間的な意味での知性なのではないか。

小島は彼の考える知的な態度をチェーホフの『妻への手紙』に見ている。「相手のことを考え、自分のことを考え、その根本にいついかなるときに死や、異状事態が起るかもしれぬということを勘定に入れているような態度がそこにある」(同上)。常に死を思いながら愛をもって接すること。時代ごとに正しいとされた観念から自在に出て行ける知性とは、人間世界の内と外を同時に見ながら、相手や自分のどうしようもなさを優しく受け止められる力を持つのだろう。小島にとって文学とは、そうした知性への試みに思えてならない。

作家たちが売れたあとすぐに偽物になっていくことについて小島は厳しく批判している。「小説家が、いい小説を書きだしたな、と思われるのは一時期で、たちまちニセモノを書きはじめる」（同上）。こうしたらうまくいく、なんて考えたらもういけない。小島流に言えば知性が、あるいは愚鈍さが消えてしまう。本物とはなにかはわからない。だが誰にでも、本物か偽物かだけはわかると小島は言う。芸術の教育について論じた文章で彼は述べている。

私は表現ということはどういうことか、ということは、いつも白紙にして感じさせることだけは心掛けた方がいいと思う。そのことについては、子供も大人もおなじことで、誰一人分っているわけではないが、おそろしいことに、結果だけ分る。ほんものか、贋物かが分る。そのおそろしさは、いくぶんなりとも教えるべきだ、と思う。

そのためには、大人も子供も全力あげて考えたり感じたり、対象に向ったりしなければならない。そういう態度をとるべきだ。

（『変幻自在の人間』）

本物にいたる道なんてない。ただ前も見ずに、何の目算もなく取り組んだときにだけ、恵みのように本物は向こうからやってくる。これだけが文学について小島が摑んだ、ほんとうのことなのだろう。小島信夫の残してくれた、どうにもわからない作品群を読んでいるとそう思う。

参考文献
小島信夫『アメリカン・スクール』新潮文庫、一九六七年
――『小説家の日々』冬樹社、一九七一年
――『変幻自在の人間』冬樹社、一九七一年
――『文学断章』冬樹社、一九七二年
――『抱擁家族』講談社文芸文庫、一九八八年
――『残光』新潮文庫、二〇〇六年

（……『変幻自在の人間　小島信夫批評集成第2巻』解説、水声社、二〇一一年五月

リアルであること　筒井康隆『創作の極意とその掟』

日本文学にとって、筒井康隆の存在は僥倖である。二〇一三年に出た『聖痕』ひとつとってもそのことはよくわかる。八十歳にならんとしている作家がこれほどの生産性を誇っているというのは尋常ではない。

しかも、我々には彼に深く感謝すべき理由がある。現在において、日本語で自由な表現ができるのは筒井康隆のおかげでもあるのだから。二十年前に彼が、いわゆる差別語の使用をめぐって断筆までしたことの意義を忘れるべきではない。表現を譲れば、次には内容を譲ることになる。次々と譲っていって最後に残るのは勧善懲悪とハッピーエンドの恋愛物だけだ。そのことは戦後アメリカにおけるコミックの検閲とその結末が証明している。

これほどの存在を、村上春樹以前の作家、という粗雑な括りで忘却しようとする流れとは徹底して闘わなければならない。たとえば、今年こそ筒井康隆がノーベル賞を獲るのでは、という噂をどうして聞くことができないのか。これほど多くを我々は彼から受け取ってきたのに。

本書『創作の極意と掟』において筒井康隆は、半世紀以上にわたる作家生活で掴んだものを読者に惜しげもなく与えている。かつて『文学部唯野教授』で、他の学問分野から輸入されたものではなく虚構そのものに基づいた虚構理論を作りたい、という野望が述べられていた。四半世紀後、肩の凝らないエッセイという形でそれがある程度実現している。冒頭で「ふざけたタイトルからもわかるように、ただのエッセイだ」と筒井は韜晦しているが、読者は騙されてはいけない。彼は徹頭徹尾本気である。そして彼の烈しい本気さは、むしろその烈しさゆえに、ふざけることでしか伝えられないのだ。息苦しさのない文章を通じて、筒井の文学愛は読者の心までしみ通ってくる。

本書で筒井が強調するのは、小説はリアルでなければならない、ということだ。リアルとは何か。考え始めると難しい。もちろん筒井が言っているのは、幻想文学対リアリズム文学のような、浅薄な水準のことではない。筒井の考えるリアルさとは、おそらく個人の無意識をも超えた深いところから湧きだしてくるイメージや感覚のことである。

そして作家の仕事とは、こうしたリアルさを言葉で掴みだし、読者の目の前にぬっと突き出す作業なのだ。だからこそ、いわゆる文学的な表現は回避しなければならない。「文学的な凝った形容を工夫するよりは、きちんと正確に描写する方が大切」と彼は言う。過去の名作から抜き出したうまい表現を集めて使いこなす、という一見文学的な行為が、いかに文学の対極にあるかがよくわかる。

作者がリアルな感覚を正確に掴み、言葉にすることに集中していると、作品全体が一貫性を微妙に、だが確実に失い揺れ動く。そのことを筒井は揺蕩《ようとう》と呼ぶ。なぜこんなものがやってくるのか。意識的に作品を書きながらも、無意識がその見えない亀裂から吹き出すからだ。揺蕩は意識では制御できないから、わざと引き起こすことはできない。作者はただ一生懸命に書き、それがやってくるのを待ち望むことしかできないのである。

社会の良識は意識によって構築されている。だから、無意識のリアルさに根ざす文学は必ずや、どこかしら反社会的なものになる。色川武大を見たまえ。博打以外のことを書いてさえ、彼には凄味があるではないか、と筒井は指摘している。

あるいはマヌエル・プイグの『リタ・ヘイワースの背信』はどうだろう。小説は映画のシナリオとは違う、という我々の思い込みを見事に裏切っている。「自分がよく知っている叔母さんの話し言葉のリアルさから敷衍した、あらゆる階層、あらゆる男女のリアルな話し言葉が書ける技術が大きい」。リアルであるために、小説は反社会的なだけでなく、反文学的でもあることを運命づけられているのだ。

だからこそ、作家は批評家の言葉に引きずられてはいけない。批評家に褒められたいがために、作家が自分なりのリアルさを見失い、借り物のテーマや文体を追求したとたんに文学は死んでしまうのだから。こうした筒井の議論は、本書の帯で町田康が言及している『乱調文学辞典』の巻末付録でより詳細に展開されている。

過去の文学を読んで自らの文学観を築き上げてきた批評家たちは、新しいものを受け入れる感性も言葉も決して持たない。だから作家は、批評家に褒められた部分は今すぐやめて、けなされた部分だけを大いに伸ばしなさい。そうやってやっつけられているあいだは、書き手としてのあなたは正しい道を進んでいるのだから。三十代の筒井の議論は、悪評に肩を落とす作家たちにとっての光である。だが残念ながら、誰もずっと若手ではいられない。ある程度実績を積み、どこにいってもなんとなく褒められるようになったらどうすればいいのか。

自分より年少の者に学べばいいのだ。本書において、谷川流『涼宮ハルヒ』シリーズを読んで七十代でライトノベル作家を志し、『ビアンカ・オーバースタディ』を書くまでの顛末は圧倒的だ。筒井康隆がライトノベルに影響を与えたのではない、「申し上げた通り、影響を受けたのはこっちなのである」とまで筒井は言い切ってしまう。

面白いと感じれば、四十歳近く年下の書き手からも学ぶ。こうした精神の態度は自由としか言いようがない。あまり作品を書かず、立派なことを言い、自作の英語訳を強力に押し進め、余計なことさえしなければ、筒井は今頃、一般社会からも偉人扱いされていたことであろう。その反対のことしかやらない筒井の、文学のリアルさへの献身はひたすら貴重である。自由を失うくらいだったら、筒井は偉くなんかなりたくないのだ。『巨船ベラス・レトラス』を読んでも、僕は本当に自由を感じる。革新的なことを書こうとすると作品がただのめちゃくちゃになってしまう作家たちの描写、本書とも共通する文学創作上の議論、突然登場する作者自身、そして現実の著作権侵害事件に関する経過報告など、六〇年代ならメタフィクションと呼ばれただろうさまざまな要素が入りながらも、決して読者を飽きさせることがない。

作家とは「金銭的なことは二の次で、ひたすらいい仕事をしようと心がける」ものであるべきだ、と筒井は述べている。これほど誠実で正直な書き手を同時代に持った幸福について、日本語話者である我々はもっと考えたほうがいい。

（『新潮』二〇一四年六月）

Ⅱ

息するように本を読む

YOMIURI Years 2010-2011

イリヤ／エミリア・カバコフ『プロジェクト宮殿』

日々を生き延びるための技術に満ちた本である。いちおうは人類を改善するために全ロシアから集められた六十五の提案集、と銘打ってあるが、そこは児童向け絵本の挿画家でもあったカバコフのこと、ときにその荒唐無稽さで大いに笑わせてくれる。たとえば千二百メートルのハシゴを立てて二昼夜かけて昇る。てっぺんにたどり着くころには極限状態のなか天使がやってきてくれるでしょう、ってな具合だ。

だがさまざまな提案を読むうちに、意外とこれは実用書なのかもしれないと思えてくる。会いたくもない人に会い、役に立つこと、お金になること以外意味がないと言われて日々すり減り、あくせく働き続けて、終《しま》いには自分が誰かすらわからなくなる、というのは世界中みな同じだ。ならばこんな提案はどうだろう。洋服ダンスのなかに極小の書斎を造り、食料や水も持ちこみ扉を閉め切って、ゆったりした時間の流れる別世界に生きてみる。あるいは思い出の詰まったゴミやがらくたを集めた一角を部屋に作り、過去の自分と繋がってみる。もちろんこれらはただの逃避である。でも、そういつもいつも戦っていなくてもいいじゃないか。

われわれはユートピアを夢見ずにはいられない生き物だ、とカバコフは言う。二十世紀最大のユートピアは共産主義だった。そしてその夢が破れた今、夢見ることは愚か者にしか許されていない。ソ連時代さんざん共産主義に苦しめられてきた、政府非公認芸術のリーダーだった彼だが、それでも、あえて愚か者になってみよう、とわれわれに語りかける。下ばかり向いて仕事していないで、たまには空を見上げてみようよ。部屋の天井あたりに天使の人形を並べて、天国について想いを馳せようよ。これだけではただのナイーブな提案とも思われかねない。しかし、三十年にもわたって作品の発表を禁じられ、ときに命の危険まで冒して創作してきたカバコフのたどり着いた境地だと思えば、底知れぬ凄みがある。鴻野わか菜＋古賀義顕訳、国書刊行会。

『読売新聞』二〇一〇年一月十七日

ジョージ・M・フレドリクソン『人種主義の歴史』

アフリカ系であるオバマが大統領になったことが、なぜそんなにも画期的だったのか。単に黒人差別を克服したから、と言うだけではとても足りないことが本書を読むとよくわかる。アメリカ南部の黒人差別とナチスのユダヤ人絶滅政策、南アフリカの人種隔離を比較することでフレドリクソンは、近代以降各国で人種差別に国家までが荷担するようになり、いかに苛烈なものとなったかを丁寧に語る。そして同時にそれは、人の心が持つ醜さの歴史でもある。

人種主義とは何か。生まれつきのものを人は変えられないという信念のことである。たとえば自分たちと風俗、習慣、言語の違う少数集団がいるとする。表面上は仲良くしているものの、どうにもあいつらは信じられないという感覚が多数派のなかで続いている。さてそこで急激な都市化や資本主義の流入が起こるとどうなるか。今まで安住していた共同体が壊れるやいなや犯人捜しが始まる。ユダヤ人が悪い、黒人が裏切ったからだ。かくして妄想は暴力を誘発する。何ということはない。悪いことを全部弱い者のせいにしているだけだ。

キリスト教では神のもとみな平等なのではないか。あるいは啓蒙主義以降、人間はみな人権を持つことになったのでは。アドルノ同様、皮肉にもそれら平等思想が逆の結果を生んだと著者は述べる。それでも差別をしなければすまない気持ちが逆に、人種にまつわる精緻な疑似科学を産み出し、二十世紀に入ると国家が法で後押しするまでになった。一九六四年、公民権法ができるまで南部で黒人は投票もできなかったこと一つとっても、オバマの重要性がよくわかる。

そして日本もまた例外ではない。第二の著者と言うべき翻訳者の李孝徳は語る。大学で多くの学生たちは、日本には差別はないと言い切る。ならば在日朝鮮人である自分たちの苦しみはなんだったのか。こうした無感覚を打破するためにも、この小さく深い書物が日本語で出る意義は大きい。李孝徳訳、みすず書房。

『読売新聞』二〇一〇年一月三十一日

いまだ鳴り響く声　J・D・サリンジャー追悼

J・D・サリンジャーが九十一歳で亡くなったと聞いて、意外に思う人も多いはずだ。

まだ生きていたのか。無理もない。一九六五年に最後の作品を発表して以来、四十五年も沈黙を守ってきたのだから。そのあいだ彼はあまりにも有名な作品『キャッチャー・イン・ザ・ライ』の主人公、ホールデン・コールフィールドが抱いた夢を体現するかのように、ニューハンプシャーの田舎町で世間から隔絶された生活を貫いた。まさに世間的には死者として約半世紀を過ごしてきたのである。だが彼の消滅の徹底ぶりに反比例するように、ホールデンに仮託された彼の声は世界中に大きく響いている。一九五一年の初版以来『キャッチャー』は実に六千五百万部を売り上げ、今なお毎年二十五万部ずつ売れ続けているのだ。この途方もない影響力はどこから来ているのだろうか。

現代都市における若者のどうしようもない居場所のなさ、心の不安定さをこれほど見事に作品化したものはないから、というのが答えだろう。まるで読者のほんの目の前、唾がかかるほどの距離で、ホールデンは高校を追い出されニューヨークをさまよった数日間の体験を取り憑かれたように語る。ときに誇張し、おどけ、冗談を交えながらも彼の声は、自分でもうまく捉えられない苦しみを何とか聞き手に伝えたいという想いに満ちている。そこには、ユダヤ人の父親を持ち、根深い差別感情に囲まれて育ったという作者の経歴も反映しているだろう。しかもホールデンは弟の死以来、現実世界とうまく繋がれなくなったらしいのだ。実はサリンジャー自身、第二次大戦中ノルマンディー上陸作戦に兵士として参加し、ユダヤ人の強制収容所の解放にも立ち会ったあげく心を病む、という経験をしている。

サリンジャーは一九五〇年代、『キャッチャー』一冊で若者の定義そのものを変えてしまった。大人のインチキを嫌い子供の無垢を愛するという反抗の形は、ビート作家たち経由で六〇年代のカウンターカルチャーを準備した。早くも四〇年代に鈴木大拙の禅にのめりこむという東洋思想への傾倒ぶりも先駆的である。そして彼の吹きこぼれるような語りの文体は、フィリップ・ロス、ジョン・アップダイク、ドン・デリーロなど、アメリカを代表する幅広い作家たちに強い影響を与えた。すなわちサリンジャーは、伝統的な教養からいったん切り離された、戦後ポップ文学の創始者なのである。この延長線上に村上春樹といった作家たちも存在すると言えば、彼の重要性はわかるだろう。

どうやらサリンジャーはこの長い沈黙のあいだも、こつこつと作品を書きためていたらしい。生前暴露本の出版差し止め訴訟を彼自身が何度も行なっていることからもわかるとおり、サリンジャーの実像はこれまでほとんど霧に包まれたままだった。彼の死は確かに悲しい出来事である。だが一方で、それは未知の作品群という新たな贈り物をわれわれに届けてくれるのかもしれない。

『読売新聞』二〇一〇年二月一日

オラシオ・カステジャーノス・モヤ『崩壊』

あまりの面白さに圧倒される。内戦前後のエルサルバドルという、まったく馴染みのない設定でありながら、二百ページが一瞬に感じられるほどだ。しかもマヌエル・プイグよりなお都会的かつ暴力的なモヤの本作は読者の予想を完全に裏切る。正直、ガルシア゠マルケスのような幻想的イメージに満ちた魔術的リアリズムこそがラテンアメリカ文学だと思っていた私はまんまと騙されていた。現代ラテンアメリカ文学の旗手、故ロベルト・ボラーニョは彼を激賞して語る。モヤで魔術的なのは文体の力強さだけだと。

娘エステルの結婚に反対する母レナはなんと、自分の夫が結婚式に行けないようにバスルームのドアの外から鍵を掛け、何時間も監禁し罵り続ける。だがその努力も虚しく娘はホンジュラスからエルサルバドルに嫁いでいく。しかし今度は国境が新たなドアとなって親子を隔てる。サッカーの試合に熱狂するあまり両国は戦争状態に陥り、たかだかバスで数時間の距離にいる親子は死の恐怖の中、外交ルートを通じてしか手紙のやりとりもできなくなるのだ。しかもエステルの夫は暗殺され、その直後にクーデターが勃発して街中が兵士で満たされてしまう。これらがすべて実話に基づいているというのだから驚く。暴力のただ中にいる人々は理解不能な状況に怯えながら日々を生き抜く。子供たちは爆弾の破片で遊び、妻は隣人の子の送り迎えで金を稼ぐのだ。アメリカ合衆国の巨大な影響力のもと、冷戦下の中南米がいかに凄惨な状況にあったかがよくわかる。
実はモヤの人生自体、本作とかなり重なるらしい。一九五七年生まれの彼は、内戦を避けてカナダ、メキシコへと長年移り住み、東京にも滞在した。もはやエルサルバドルは故郷ではないと言いながら、国を思うあまりの苛立ちが本作には強く感じられる。純文学がつまらない、なんて迷信でしかないと教えてくれる中南米文学の今を読むことは、世界文学の最前線を知ることだと気づいた。寺尾隆吉訳、現代企画室。

『読売新聞』二〇一〇年二月十四日

管啓次郎『斜線の旅』

「東京に縛りつけられている」という意識がつのり、気づけば心は知らない土地へ漂っていく。英語、フランス語、スペイン語からの翻訳や多くの刺激的なエッセイで知られる管が、大学から一年の休暇を取って向かったのは、南太平洋の国ニュージーランドだった。本書はポリネシアから世界を見るという視線を彼が獲得していく記録である。

鍵となるのは管自身の子供たちだ。彼らともに森を歩き、海辺で遊ぶうちに、今まで見たことのない植物、魚、鳥たちによって満たされた世界があることに彼は気づく。家族でマオリ人の言葉や神話を学び、歌を歌いながら、イギリスさながらの牧草地の下に、ポリネシアというまったく違った文明があることを知る。ニュージーランドからハワイ、遠くイースター島まで、広大な太平洋はポリネシアの人々の歴史や文化でいっぱいだ。

そこをなぜ、飛行機で飛び越えるだけの空白のようにわれわれは考えてきたのか。われわれもまた知らないうちに西欧の目で世界を読み解くようになっているからだ。進んだヨーロッパに行き、学ぶ、というのは上下関係を前提とした垂直な旅である。役に立つことをできるだけ短期間で獲得すること。そこでは、効率的ではないものはすべてないことになってしまう。ポリネシアの人々の誇りも、アイヌの人々の動物への想いもすべて抹消されてしまうのだ。

それに対して管が提唱するのは水平な旅である。「未知への欲望、新奇さへの誘惑」に誘われるままに、地球に斜線を引きながら移動すること。行った先々で、歴史的には弱者とされてきた人々に礼を尽くし、教えを請うこと。管は旅を通してタフな謙虚さを学び取りながら、土地の力に触発されるままアメリカや日本の文学を読み進める。そしてアメリカ西部の砂漠へ、フランス領の島々へと管の思いは滑っていく。まるで現代の芭蕉のように、旅のなかに場所と書物を重ね合わせながら読む管の姿勢には、外国研究の新しい形がある。インスクリプト。

『読売新聞』二〇一〇年三月十四日

ヘンリー・ルイス・ゲイツ『シグニファイング・モンキー』

圧倒的な書物である。

かつて哲学者カントは言った。黒人の芸術は真似ばかりで独創性がない、と。ゲイツは言い返す。独創性なんてつまらぬものにこだわるのはヨーロッパ人だけだ。むしろ互いの作品を引用し、改変し合うことこそ黒人文化の力である。それに、白人文化のご本尊シェークスピアだって、他人の作品の書きかえばっかりやっているじゃないか。黒人文化における改変とは、ジャズを思い浮かべればわかりやすい。ジュリー・アンドリュースが歌った名曲「私のお気に入り」を、コルトレーンはソプラノ・サックスで見事に吹きかえている。あれは独創なのか模倣なのか。そのどちらでもある、と言い切るところから黒人文化への理解は始まる。

奴隷制に伴う人々の移動とともに、黒人文化も世界を旅してきた。ノーベル賞作家ショインカの薫陶を受けたゲイッツは言う。起源のひとつはナイジェリア、ヨルバ族の神話である。男と女、聖と俗、生と死などあらゆる区別を撹乱してまわるトリックスターのエシュはだじゃれ、ホラ話、悪口などを駆使して、言葉の二つの世界を行き来する。すなわち、文字通りの意味の世界と比喩的な意味の世界だ。なぜそうするのか。言葉の意味が一つしかない四角四面の世界では息が詰まって仕方がないからである。

かくしてエシュの魂を宿した黒人たちは大西洋を渡り、カリブ海、南北アメリカへ散らばりながら、二重の言語を駆使し続ける。奴隷主の前で表面上は従いながら、同時に彼を批判し、自分たちだけでコミュニケーションを行なうための言語。白人から奪い取った言葉は抵抗の武器となり、同時に、物扱いされた自分たちが人間となるための道具ともなる。元奴隷がようやく自分の手で書いた手記を、他の者が次々と批評的に書きかえていくうちに、黒人の巨大な文化が新大陸でも育った。デリダにはるかに先行する、黒人たちの手作りの脱構築、というゲイツのアイディアには興奮させられる。松本昇、清水菜穂監訳、南雲堂フェニックス。

『**読売新聞**』**二〇一〇年三月二十八日**

デニス・アルトマン『ゲイ・アイデンティティ』

まさに性についての今を捉えた書物である。はじめて出版されたのが四十年近く前であることを思うと驚異的だ。たとえば自分はゲイに対して寛容だと考えている人ほど内心は嫌悪感でいっぱいだ、という指摘はどうだろう。そんな上からの憐憫などいらない、と筆者は言い切る。それよりも、何が正常で何が異常かなどすぐに決めつけず、相手の身になってじっくりと考えてみてほしい、と。

だからこそ彼は、同性愛を悪徳だとする宗教や、病気だとする医学を批判する。むしろどんな形であれ、人を愛することを否定する者たちのほうこそ病んでいるのではないか。どんな人も実は異性愛かつ同性愛である、というフロイトの議論と自らの体験をもとに、ゲイ的とされていることの大部分は歴史的に作り出されたものだと論じる彼は、ミシェル・フーコーすら先取りしている。豊富なアイディアが詰めこまれた本書には、未知の可能性がまだまだ埋まっている。何より彼の強靭な楽観性から学ぶべきものは多い。岡島克樹＋河口和也＋風間孝訳、岩波書店。

『読売新聞』二〇一〇年四月二十五日

村上春樹『1Q84 BOOK3』

果たして我々は人を愛し得るのか。三巻合わせて千七百ページにもおよぶ巨大な書物『1Q84』で、村上はこう問いかけてくる。女性たちを暴力から護るためになら殺人も辞さないという狂気の正義と、自分たちの信仰のためには現世の法律をもすべて越えるという宗教の狂気がぶつかり合い、戦争状態に陥る一、二巻の面白さはそのままに、三巻では十歳で出会った男女が無事二十年後にめぐり会えるのか、というラブストーリーが力強く語られている。

学生時代にはマルクス主義に影響された学生運動を目の当たりにし、九〇年代には新興宗教による暴力について考え抜いた村上のたどり着いた場所がここだ。すべてを金で測る世の中は虚しい。だがその代わりに登場した反資本主義の思想も霊的な真実の探求も、いつしか組織の論理に絡め取られて、よりたちの悪い暴力に堕していった。ならば絶望しか残されていないのか。そうではないと村上は語りかける。

「私はもうこれ以上誰の勝手な意思にも操られはしない」と青豆は言う。だがそこで導入されるのは堅いエゴではない。むしろささやかで個人的な倫理、あるいは宗教性とでも言うべきものである。自らの胎内に与えられた生命を守ること。そして与えることによって豊かになること。言い換えれば、三十年かかってついに村上は大人になることを選択したと言えるだろう。その意味で本書は記念碑的な作品である。
だからこそ、これまで村上作品から周到に排除されてきた父親との対峙や和解もふんだんに物語られている。贈り物を受け取り、次に来る者たちに受け渡すこと。こうした知恵が明確な形で盛り込まれているのは、村上が『1Q84』を現実への具体的な介入として書いているからだろう。それは今まで我々が近代小説だと考えてきたものとは確かに異なっている。いまだ名前のない領域に踏み込んでいく村上の勇気こそ、彼が世界中で読まれている理由だ。新潮社。

『読売新聞』二〇一〇年五月二日

マリー・ンディアイ『ロジー・カルプ』

炎天下、瀕死の幼い息子を置き去りにする女がロジー・カルプだ。好きでもない男の愛人として身ごもったティティを捨てることで、彼女は転落ばかりの人生から抜け出そうとする。そのためにフランスからこのカリブ海の島、グアドループまで来たのだから。だが彼女の人種差別や傲慢さに辟易としていた黒人男性ラグランにより、ティティは病院に運ばれ一命を取り留める。なぜラグランはそうしたのか。自分でも屈辱的だとはわかっていても、ロジーへの愛情や性的欲望を抑えきれずにいるからである。すなわち、どんなに理性的な彼でも、自らの身体や感情には受け身でいるしかないのだ。

本書における登場人物たちの行動はすべて突発的であり、つねに政治的に間違っている。その過程で、黒人と白人、支配する人々とされる人々、貧困にあえぐ者と裕福な者が憎み合いながらも身体のレベルで絡み合い、体液を交換し、むせ返るような臭いを擦りつけ合う。まるで鋭く対立する社会的権力関係こそが欲望の発生装置であり、意思とは関係なく我々はそれに従うしかない、とンディアイが語っているようだ。

自分を一歳のころ捨てたセネガル人の父とフランス人の母との間に生まれ、フェミナ賞、ゴングール賞を獲得し、四十二歳にしてフランスを代表する作家にまで登りつめた彼女は、人種と愛と権力という、現代の最重要テーマを濃密なテクストを通じて思考する。プルーストやヌーヴォーロマンというフランス小説の伝統だけでなく、オコナーやオーツというアメリカ合衆国を代表するゴシックで残虐な作家たちからも学んだことが彼女をここまで鍛え上げたのだろう。

そして本書のもう一人の主人公はカリブの自然である。動物の内臓のような「森の腹の匂い」に満ちた世界で、植物だけでなく女性たちも輝きを帯びる。ジャメイカ・キンケイドやジュノ・ディアスだけではない、カリブ文学の力を思い知らされた。小野正嗣訳、早川書房。

『読売新聞』二〇一〇年五月二十三日

ロベルト・ボラーニョ『野生の探偵たち』

どうして誰もボラーニョが面白いってことを教えてくれなかったんだろう。肝臓を患い七年前に五十歳の若さで亡くなったにもかかわらず、残された草稿をもとに未だ続々と新刊が出版され、ついには二〇〇〇年代のラテンアメリカ文学を代表する存在とまでなった彼の代表作である本書は、いたたまれないほどの強烈な青臭さに満ちている。

若き自称詩人アルトゥーロ・ベラーノは、親友ウリセス・リマとともに、メキシコシティで友人数名と前衛詩のグループを作り、酒を飲み、暴れ回り、なんとか一人前の文学者になろうと苦闘する。だが金もコネも労働意欲もなく、おそらく才能さえない彼らはもちろん何にもなれない。あるのは限りない文学への愛と若さだけだ。

ランボーを読みマルクスを読み、ボルヘスやコルタサルを崇拝する二人は、ちょっとした行き違いから何者かに追われる身となり、中米、スペイン、イタリア、果てはイスラエルやアフリカまで放浪を重ねる。批評家と古い剣を使って決闘したり、ロープ一本で岩の割れ目に降りて落ちた子供を助けたり、アフリカで内戦に巻きこまれたりと、多彩な挿話が繰り広げられていく。

だが旅の途中で出会ったさまざまな人々の証言集である、長大な第二章で浮かび上がる彼らのその後の人生は苦い。貧しさの中で若さも愛も消え去る。他の者たちは否応なく詩を諦め、仕事に就き、退屈な大人になっていくなか、文学を捨てられない二人は世界のどこにも居場所を見つけられない。

この自伝的な作品を、ボラーニョは自分たちの世代へのオマージュとして書いたらしい。そしてまた、革命や詩に憧れながらも、革命家にも詩人にもなれなかったすべての人にも本作は捧げられている。それでもいいじゃないか。あのころの友情や夢は本物だったんだから。読んでいると、必死に生きる彼らの仲間に自分もなったかのような錯覚に陥るはずだ。それはボラーニョがただ上手いだけではなく、心の真実を叩きつける作家だからだろう。柳原孝敦＋松本健二訳、白水社。

『読売新聞』二〇一〇年六月二十日

トマス・ピンチョン『メイスン＆ディクスン』

旅に出よう。天文学者のメイスンと、測量士のディクスンも一緒だ。耳を澄ませば二人の歌声が聞こえてくる。
「サァ行かん印度へ、東の地へ／御伽《おとぎ》の国よ、宴《うたげ》の里よ、／土耳古《トルコ》人の住む地で、奴隷の如く這い蹲《つくば》って／我ら天文観測士、仕事と云われりゃ何でもやりまっせ！」――まさに「亜米利加道中膝栗毛」である。時は十八世紀後半、場所は独立寸前のアメリカ。そのころペンシルヴェニアとメリーランドという二つの州が境界でもめていた。そこでイギリスから呼ばれたこの二人が地面に引いた長大な線こそ、かのメイソン－ディクソン線である。奴隷制を認める南部とそうでない北部を分け、ついには南北戦争の舞台ともなった、アメリカ史でも最重要な境界線だ。

と、ここまではただの史実である。だが現代アメリカを代表する作家ピンチョンは、この旅を、もう一つの、誰も見たことのないアメリカ史へ書き換えてしまう。彼は一九三七年生まれ、コーネル大学ではナボコフに師事し、アメリカ軍を経てボーイング社でも働いていた。一九六三年に大作『V.』でデビューして以来、彼は常にアメリカ文学の中心にいる。現代において、彼の作品との格闘なしにアメリカで作家になる者はいない、と言えばピンチョンの偉大さはわかってもらえるだろうか。

極端に多い登場人物と複雑なプロット、歌謡曲から量子力学まで、幅広い知識を膨大に詰めこむスタイルなど、主要な特徴は早くも巨編『重力の虹』（一九七三）で極点を迎える。アメリカの軍産複合体とヒッピーの全面戦争、というファニーな現代小説『ヴァインランド』（一九九〇）のあと、ピンチョンが本書で挑戦したのは、アメリカ合衆国の起源そのものだ。

歴史小説といえども、ピンチョンの技は本書でもいかんなく発揮されている。史実に冗談や奇想、妄想が混ぜ合わされ、物語はえんえん脱線を繰り返す。たとえば主人公の二人がアメリカで出会うのは、ワシントンやフランクリンなど実在の人物だけではない。しゃべる犬、人造鴨、謎の風水師といった面々も大活躍するのだ。

しかも語り口調も人を食っている。たとえば費府石鹸《フィラデルフィア・ソープ》についてはこうだ。「水が触れた途端、否、湿った空気が触れただけで何とも不快な粘液と化し、そっと握ろうががっちり握ろうが如何なる握りにも捕らえられることを拒み、使用前より物が汚くなることもしばしばで、——石鹸と云うより、正しくは反石鹸」。こんな感じで千ページ以上続くのだから恐れ入る。

自身が測量士の息子であるピンチョンは、この怪作全編をじつに二十年かけて、十八世紀の英語で書き上げた。綴りも文法もすべてである。怯えるなかれ。これまた翻訳の怪人、柴田元幸が十年かけて、笑える日本語にしっかりと置き換えてくれたのだから。これから二年ほどで、ピンチョンの全小説が新訳、あるいは改訳されるらしい。難解との評判ばかりが先行して、実際に読破した人の少ないピンチョンの各作品に、ようやく日本語でも親しめるようになるのはうれしい。

訳知り顔の犬が二人に禅の悟りの境地を教える、といった不可思議な挿話に満ちた本書は、とにかく抜群に面白い。だが、そのテーマは実は限りなく重い。フランス啓蒙思想に学び、理性に基づいて作られたはずの国家アメリカで、なぜ苛烈な人種差別が続くのか。こうした二人の問いを通じて、ピンチョンは読者に、近代世界を根底から考え直させようとしている。笑いとストレートな倫理の融合こそがピンチョンの魅力だろう。

柴田元幸訳、新潮社。

『読売新聞』二〇一〇年七月四日

『夕暮れの緑の光――野呂邦暢随筆選』

なにより野呂邦暢は光の作家である。たとえばヘルダーリンの「しかし汝、汝は生まれた／澄んだ日の光のために」という二行を読んだとたん、見慣れた高円寺駅周辺は別世界に変わってしまう。それは、おなじく彼の作品を読んでいた同郷の詩人、伊東静雄から学んだ視線でもあったのだろう。細心の注意を払って書かれた、読者の心をゆっくりと解きほぐしていくような野呂の文章は、四十二歳での早すぎる死から三十年経っても古びることがない。

随筆集である本書の主人公は、彼が住み続けた長崎県諫早の町だ。干潟の水や泥は太陽のなか輝き、風は汐の匂いに満ち、八百屋の店頭に置かれた果実の核からは「透明な光が滲み出て」いる。野呂は言う。小説を書くためには、土地の精霊と一体になる必要がある。そして精霊とは「土地の歴史と風土と人間が溶けあった精粋とでもいうべきもの」だと。確かに彼はその精霊に愛されながら『諫早菖蒲日記』などの著作を書き上げた。詩人たちの言葉や諫早という場所と、いわば肉体的に接することで作品を紡ぎ出す野呂の姿勢には、現在の文学から失われつつある何かがある。

とはいえ、野呂は単なる地方色豊かな作家ではない。彼の原風景には、膨大な人々を焼き尽くした原子爆弾の強烈な閃光がある。「顔を上げると正面に白い光球が浮かんでいた。天空にもう一つの太陽が現れたかのようだった」。諫早への疎開前に同級生だった者たちはほぼ全滅し、彼の真の故郷である町並みは一瞬のうちに消え去った。戦後諫早の町に現れたアメリカ兵たちは貴重品である餅でキャッチボールをして遊んでいた。それは幼い野呂にとって、どれほど屈辱的な眺めだっただろう。

常に戦争を胸に抱きながら「木洩れ陽の色、夕暮れの緑の光」といった些細なものについて語り続ける野呂の作品には、表面には現れ得ない複雑さがある。だからこそ今なお野呂邦暢は魅力的なのだ。岡崎武志編、みすず書房。

『読売新聞』二〇一〇年八月一日

夏の一冊 ——アルベール・カミュ『異邦人』

圧倒的な太陽の光と暑さのなか、アルジェリアの海岸でフランス系の青年ムルソーは心身のコントロールを失い、気づけばアラブ人を射殺している。彼を駆り立てたのは母親の死か。あるいは貧しさへの怒りか。

いったん犯罪者となれば、社会のシステムが彼を襲う。神を信じないと断言する孤独な彼は、植民地の裁判所において、イスラム教徒よりも下の存在と見なされ、公開処刑の対象となる。

消えた飼い犬にサラマノ老人が示す愛情のみがこの物語の救いだ。他の犬ではだめなんだと嘆く彼の姿には、現代人が自我の地獄を出るための光が見える。窪田啓作訳、新潮文庫。

『読売新聞』二〇一〇年八月八日

ハリー・ハルトゥーニアン『歴史と記憶の抗争』

日本は調和の国である、という『菊と刀』におけるルース・ベネディクトの本質論に、ハルトゥーニアンは真っ向勝負を挑む。これだけ長い歴史があるのに、古代から現在まで同じ本質を保ち続けるわけがないではないか。明治維新も太平洋戦争も調和とはほど遠い。そして彼は、ベネディクトの論にそって展開してきた日本学の起源を問う。

彼によれば、そもそもアメリカの日本学は、宣教師たちの子息と軍人により、敵国日本を攻撃し支配するために作られ、冷戦期に発展した。その目標は二つである。日本を共産主義陣営の手に渡さないことと、日本に対するアメリカの植民地主義的な意図を隠蔽することだ。だからこそ日本は対立のない社会として描かれ、アメリカはその近代化を善意で助ける慈悲深いおじさんだとされた。

ここで起こっているのは、記憶の書き換えと歴史からの逃走である。こうして戦前に日本が行なったアジアの植民地化は何かの間違いとなり、原子爆弾投下により日本人全員が純粋な被害者だったことになった。戦前からの支配層はその多くが残ったが、その体制は民主主義と呼び名が変わった。

一方、日本側にも本質論を受け入れたい理由があった。表面はいくら西洋化しようが、その奥には日本的な古い核が残っている、と主張したのは和辻哲郎だけではない。四方に広がる海を通してつねにさまざまな地域と交通してきた、根まで雑種的な日本にそんな核があるかは疑わしいし、もしあったとしても、現代の我々が立ち戻ることなど不可能だろうに、である。

確かに本質論に慰められる人は多いだろう。だがそうした日本人像に当てはまらないたくさんの人々には、この論自体が過酷な排除の暴力になる。E・H・ノーマンや竹内好、戸坂潤といった先達に学びながら、もう一度歴史を取り戻すこと。そして、本質論が覆い隠してしまう多様性を見る目を養うこと。それしか長すぎる戦後を終わらせる方法はない、というハルトゥーニアンの議論に教えられることは多い。カツヒコ・マリアノ・エンドウ編＋監訳、みすず書房。

『読売新聞』二〇一〇年八月十五日

ヴィクトル・ペレーヴィン『宇宙飛行士オモン・ラー』

小説を読んでいてここまで興奮したのは久しぶりだ。日本ではロシアの村上春樹として紹介されているペレーヴィンだが、似ているのは純文学と大衆文学の垣根を壊した、というところまでである。グロテスクなまでのパロディ、辛辣な社会批判、圧倒的な奇想など、ペレーヴィンの新鮮さは誰にも似ていない。

オモンは宇宙に憧れる少年だ。嘘ばかりのソヴィエト体制の中で、彼にとっての自由は宇宙空間に行くことだけである。幸運にも飛行士養成学校に入学した彼は、即座に月面走行車に配属される。ちょっと待ってくださいよ。月面走行車は自動運転では。疑問を抱く彼に衝撃の事実が明かされる。

技術に劣るソヴィエトはアメリカに対抗すべく、少年たちをロケットに乗り込ませて、科学の成果を偽装していたのだ。地球に帰る手段のない彼らは全員宇宙で死ぬ。もう英雄たちは百人になる、と言われてもオモンには逃げ場はない。ここで殺されるか、訓練して月に行くかだ。

たんに共産主義体制の狂気を批判しているだけではない。嘘ばかりの世の中は西側でも同じだ。本書は「ばかげた恐ろしい社会で大人になることについての小説だ」と著者は述べている。日本の特攻隊をモチーフに本書が書かれたことからもわかるとおり、これは我々にとっても他人事ではない。なにしろ、もっともらしい理屈で国民を殺すのが近代国家の本質なのだから。

ソヴィエト最初の宇宙飛行士であるライカ犬が軍服を着て威張っていたり、熊や猪などの着ぐるみ姿で共産党幹部の狩りの獲物を演じて被弾し続ける英雄が登場したりと、ペレーヴィンの笑いは仮借ない。とりわけ、前世まで遡り、飛行士としての適性を見る輪廻テストのくだりは最高だ。古代シュメール、ローマ時代、ナチスドイツの時代を通じて無責任で居続ける少年の証言なんて、なかなか聞けるものではない。ペレーヴィンが本書で現代ロシア文学の第一人者となったのもうなずける。尾山慎二訳、群像社。

『読売新聞』二〇一〇年八月二十二日

ミランダ・ジュライ『いちばんここに似合う人』

ジュライの小説を読むと切なくなる。主人公たちが人を求める気持ちは強いのに、不器用すぎてどうしていいのかわからない。だから片足だけバスタブに突っ込んだ姿勢を長時間続けて、出て行った恋人に戻ってくるよう念を送ったり、同じ言葉を七千回も書いて時間の流れを変えようとしたりする。何が自然かもわからなくて、相手の肩を叩いて勇気づけようとするものの、コンガを叩いているような気分になり、気がつくとチャチャチャのリズムを刻んでしまう。こうした奇妙な挿話の一つ一つが、まるで読んでいる自分にも当てはまるようでどきりとする。

映画監督であり、パフォーマンス・アーティストでもあるジュライは、デビュー作である本書でいきなり、村上春樹やジュンパ・ラヒリも受賞した国際的な文学賞、フランク・オコナー賞を受けた。それは彼女が、現代に生きることの苦しみを直感で正確に掴んでいるからだろう。ときに幻想的とも言われる彼女の作品を満たしているのは、労働の辛さ、性の悩み、自己嫌悪など、驚くほどありふれた主題ばかりである。それを寓話的な設定と、剥き出しの比喩表現によって加速するのが彼女の持ち味だ。

英国のウィリアム王子と付き合う夢を見続ける四十六歳の女性は、「水のいっぱい入ったグラスを中身を一滴もこぼすまいとしてしずしず運ぶように」その夢を持ち歩く。恋人とうまくいっていない女性は、寂しくてたまらないのに、「本当はみんな、お互いのことなんか大して好きじゃないのだ」と言い放つ。彼女たちはなにより、自分自身や、女性としての自分の肉体を憎んでいる。そして性的な視線で見られることに戸惑いながらも、恋愛以外の回路で他人とつながれない。

だからこそ、本書における子供の存在は救いである。ネズミさんを雇って一本ずつ白髪を塗ってもらえばいいじゃない、と言う少女の無邪気さはまばゆい。だが困ったことに、子供時代はあまりにも短いのだ。岸本佐知子訳、新潮社。

『読売新聞』二〇一〇年九月五日

チママンダ・ンゴズィ・アディーチェ『半分のぼった黄色い太陽』

自分では体験していない戦争をどう書くか。生まれる七年前、一九七〇年に消え去った母国ビアフラをめぐる戦争について両親から聞いて育ったアディーチェは、本書で一つの答えを出している。戦争の中でも続けられていたはずの何気ない日常生活、なかでも恋愛を中心にして書くこと、だ。ビアフラ戦争を広範に扱っているにも関わらず、彼女は自分の手法を貫いている。恋愛を通して戦争を描くなんて不謹慎ではないか。そうではない。嫉妬や無理解、憎悪などありふれた感情が極点に達したものが戦争だとすれば、そのすべては恋愛の中にすでにあるのだ。

傑作短篇集『アメリカにいる、きみ』で彼女は、アメリカのナイジェリア系移民たちの姿を、ほんの少しの心理的な揺れまで掴み取る繊細な言葉で書き切った。本書では彼女のもう一つの顔であるナイジェリア作家としての側面を味わえる。

大金持ちである政商の娘オランナと、知的エリートである大学講師オデニボの恋愛を軸に物語は展開する。富や身体的な美、高い英語力によって生じる権力は二人を永遠に守ってくれるように思える。だがそうはいかない。戦争は彼らから何もかもはぎ取り、「不衛生な」人々の世界のただ中に二人を叩き込む。

オランナ、彼女の使用人である少年、英国人滞在者という決して交わることのない三つの視点で書かれることで、本書ではナイジェリアという場所の多元性が浮き彫りになっている。われわれと同じ知性を持つ人々が、宗教や民族対立といったすさまじく困難な状況に追い込まれるという、ただエキゾチックなだけではない、感情移入できるアフリカ像を提出したのは、アディーチェの大きな達成である。

オデニボがたった一度の浮気で母親の使用人に生ませた子供を引き取り育てる、とオランナが決意する場面は圧巻だ。人は敵をも愛し育むことができる、というアディーチェのメッセージとも読めるだろう。くぼたのぞみ訳、河出書房新社。

『読売新聞』二〇一〇年九月十九日

ウラジミール・ナボコフ『賜物』

国を追われるとはどういうことか。後に『ロリータ』や『セバスチャン・ナイトの真実の生涯』といった傑作で英語圏を代表する作家になったナボコフが、実は心底ロシア語に根ざした書き手であることが『賜物』を読むとよく分かる。

本書を満たしているのは圧倒的な閉塞感である。ロシア革命後ベルリンに発生した亡命ロシア人たちの世界が舞台だ。ドイツには文学などなくドイツ人は俗物ばかりだ、と罵るのも、「ロシアではすべてが粗悪で、不細工で、凡庸になってしまった」と嘆くのも、ただただ彼らの居場所のなさを表わしている。

ナボコフにそっくりな主人公フョードルは、出来の悪い生徒たちに英語やフランス語を教えて暮らす。外国人に外国語を教える生活など何の意味があるのか。もちろん彼にも野心がある。作家として認められることだ。だがうまくいったところで、嫉妬ばかりが渦巻く極小の文学サロンで名が売れるだけのことである。

唯一解放感があるのは、中央アジアを広く旅しながら蝶類の研究を続けるフョードルの父親の姿だ。だが革命期の混乱で彼は行方不明になってしまう。ならば息子があとを継ぐしかないではないか。そしてこの作品のあと、ナボコフ自身が英語作家となり自由を手に入れる。だがそれを越境といったきれいな言葉で片づけるべきではない。『賜物』に投入された膨大なロシア文学の知識は、英語で書くためにナボコフが封印しなければならなかったものの墓である。その極端な密度の高さは、二度と帰れないロシアへの想いの強さゆえだ。行間から漂う身を引きちぎられるような悲しみは、現代の移民作家たちにも共通した感情である。

圧倒的に充実した注は、外国人の接近を拒む本書を我々にも開いてくれている。ロマン・ヤコブソンによるプーシキンの朗読を聞いてナボコフがどう嘆いたかなんて、なんでそんなことまで知っているんだろう。日本のロシア研究の底力を感じる。沼野充義訳、河出書房新社。

『読売新聞』二〇一〇年十月十日

『クリスチャン・ボルタンスキーの可能な人生』

何トンもの古着が部屋を埋め尽くす。古い白黒の顔写真が貼られたビスケットの缶が不安定に積まれている。うす暗い部屋で頼りない電球に照らされた若者たちの顔がぼうっと浮かびあがる。ボルタンスキーの作品を見ると誰しも感情的にかき乱される。生きていることの意味や死者を弔うことについて考えさせられる。

それらはすべて、かつてある人がいたことの痕跡である、とボルタンスキーは本書で述べる。古着や写真の存在によって人々の不在を指し示すこと。だからこそ、彼の芸術はどの宗教にも属すことのない宗教儀式にも似たものになる。そしてまた、来場者に配られた古着は再び着られ、写真は視線に曝されることで、もう一つの生を生き直す。

どうして彼はこんなにも生や死、そして祈ることに取り憑かれてしまったのか。かつて自由を求めてウクライナからフランスに移住しながら命を狙われ、第二次大戦中、一年以上も床下に隠れて過ごしたユダヤ人の父親の影響もあるだろう。そして戦後、強制収容所の生き残りである人々に囲まれて暮らしながら、ボルタンスキー自身の中で、世界は危険に満ちた場所であり、何を手に入れようとも一瞬後にはすべてが奪われ得るという感覚が育まれた。

だが彼は、いたずらにユダヤ人の悲劇を際立たせることだけが自分の芸術の目的ではないと言う。人間誰しもが、「善の名の下に何百万という人々を殺すことができる」。だからこそ、そうした人間の業から目をそらし、死からも目をそらし続けていることこそが現代文明の悲劇なのだ。

学校にも行かず、ろくに文字も書けず、三十五歳まで数百体の兵隊の人形と遊んでいた、社会的には完全に無能な少年が、粘り強い思索と手を動かし続ける勤勉さを通じて、やがて世界を代表する芸術家兼思想家へ変貌する。自分に正直でい続けるというのはこんなにも偉大なことなのか。単なる美術関係の本というに留まらない魅力がこの本にはある。佐藤京子訳、水声社。

『読売新聞』二〇一〇年十一月七日

安藤礼二『場所と産霊《ムスビ》——近代日本思想史』

近代とは何か。このあまりに大きすぎる問いに、安藤礼二はこう答える。テクストとしてのアメリカを読み、翻訳する試みである、と。

この場合のアメリカとは、我々が知っているあの国家のことだけではない。「その大地の上には、新大陸の発見以来、そして建国以来、何人もの人々が自らの夢と希望、さらには妄想を積み重ねていった、何層にも及ぶ空想の地図が存在しているのである」。まるでボルヘスの短篇「学問の厳密さについて」に登場する、帝国と同じ大きさの細密な地図を描いて、領土そのものを覆い尽くそうとする試み同様、現実の場所に空想の地図を重ね合わせること。したがって安藤にとって近代とは、翻訳とコラージュというボルヘス的な営為となる。

そして安藤は世界について語り始める。たとえばフランスではボードレールがポーを翻訳し、英語教師マラルメが旧大陸も新大陸も包みこむ文学の世界空間を夢想する。同じことは同時に日本でも起こるだろう。北村透谷や岩野泡鳴はエマソンを翻訳し、近代日本文学を生み出す。ジェイムズなどのプラグマティズムを読んだ西田幾多郎は、これもサンスクリットや中国語の翻訳を通じてもたらされた仏教とそれを混ぜ合わせて、いわゆる日本的な哲学を誕生させる。ローカルであることとグローバルであることとは矛盾しない、むしろそれらは翻訳という極めて創造的な作業の二つの面なのだ、という安藤の論は刺激的だ。

それにしても、本書に登場する気宇壮大な明治人たちのかっこよさときたらない。外国の情報がほとんどない時代にスウェーデンボルグを翻訳し、アメリカに渡って東西の宗教思想を融合した体系を打ち立て、ついにはアメリカ文学にまで影響を与える鈴木大拙。あるいはフーコーに遥かに先行して、両性具有者エルキュリーヌ・バルバンの手記を読み解く南方熊楠。移動することではじめて日本的たりえるのだ、と示してくれる先人たちに学ぶことは多い。講談社。

『読売新聞』二〇一〇年十一月二十一日

ボフミル・フラバル『わたしは英国王に給仕した』

本書に出てくる食べ物の美味そうなことと言ったらない。特にエチオピア皇帝が作らせた料理はすごい。ラクダの中にレイヨウを二匹詰め、その中に七面鳥を詰め、その中に魚と卵を詰めこんで、特製ソースで丸焼きにする。食べた者たちはあまりのおいしさに叫び出し、体操まで始めてしまうのだ。そしてビール。どれほどの量のビールが飲み干されることだろう。無理もない。本書の主な舞台はチェコの高級レストランやホテルなのだから。そして主人公の給仕人ジーチェは何時の日か、ホテルのオーナーになることを夢見ている。

こうした場所にはすべての人が集まってくる。金持ち、大統領、軍人、娼婦たち。働きながら主人公はいつしか、社会の表側だけではなく、裏側も見抜くようになる。大統領は愛人と戯れ、金持ちたちは酒を飲み、軽口を交わしながら世界を自分勝手に動かしていく。それでも給仕たる主人公は壁際に立ったまま、人々をじっと見て記憶するだけだ。本質的に傍観者である給仕はまた、知識人の比喩でもあろう。社会の片隅にありながらも、彼が世界を見抜く目は鋭い。

主人公は歴史の波に翻弄される。ドイツ人女性リーザと恋に落ちたばっかりに、チェコ人から村八分にされるも、すぐにチェコはナチスに占領されてしまう。にわかドイツ人になっても、彼はナチスの人々には相手にされない。妻がユダヤ人たちから奪った富で百万長者になり、念願のホテルを手に入れるが、戦争が終われば共産主義者に没収されてしまう。ただ周囲の人々に認められたいだけなのに、給仕人たる彼は何をしても無視される。そうした彼の運命はそのまま小国チェコの歴史とも重なるだろう。

フラバルはこの脱線に次ぐ脱線の傑作を、八十メートルの巻紙に一気に書かれたケルアック『オン・ザ・ロード』にならって、たった十八日間で書き下ろした。歴史の悲劇も人生の喜びも全部詰めこんだこの饒舌を、まずは楽しんでいただきたい。阿部賢一訳、河出書房新社。

『読売新聞』二〇一〇年十二月五日

二〇一〇年の三冊

『オスカー・ワオの短く凄まじい人生』を翻訳し、文章を書きまくった。多くの方々に助けられた一年だった。ただ感謝あるのみ。
①ヴィクトル・ペレーヴィン『宇宙飛行士オモン・ラー』（群像社）
②ミランダ・ジュライ『いちばんここに似合う人』（新潮社）
③オラシオ・カステジャーノス・モヤ『崩壊』（現代企画室）
知らなかった作家の傑作に出会うほどうれしいことはない。現代ロシア文学の恐ろしいまでの力を知らせてくれたのが①。人力ロケットで月に行こうなんて誰にも思いつかないだろう。パロディや奇想に溢れた文章はただただ面白い。繊細な意外さに満ちた②は英語版より完成度が高い。作者が小説家ではないからこそ、文学の新たな可能性を見せてくれた。③を読んで新世代の中南米文学も凄いとわかった。現代文学の最先端がここにある。

『読売新聞』二〇一〇年十二月二十六日

マリオ・バルガス＝リョサ『チボの狂宴』

ノーベル賞作家の作品がこんなに面白くていいいんだろうか。舞台はカリブ海に浮かぶドミニカ共和国、時代は一九六〇年代初頭、悪名高き独裁者トゥルヒーリョの暗殺をめぐる人々を、リョサは息もつかせぬ文章で書ききっている。

チボという耳慣れぬ言葉は山羊のことだ。と同時に好色で知られ、高官の娘すら躊躇せずに犯したトゥルヒーリョのあだ名でもある。だがリョサはただ彼の異形さを浮き彫りにするだけではない。国の独立を守り近代化したい、というそれ自体は正当な欲望から、ついには彼の気持ち一つでどんな人も殺されかねない不条理な牢獄を築きあげた独裁者の論理を、リョサは見事に内側から捉えている。独裁者の抱く猜疑心や歪んだ愛情を、リョサは圧倒的な想像力で綴っていく。

なぜトゥルヒーリョはそこまで残酷になれたのか。心底国民のためだと思っていたからだ。と同時に、野蛮を黒い肌と結びつけていたからでもある。実は彼の祖母はハイチ系の黒人だった。彼は自分の中にある黒さを憎むあまり、自らが野蛮だと決めつけた人々を殺し続ける。「彼はつねに他人の肌を蔑んできただけでなく、自身の肌も嫌悪してきたのだ」。国を正気に戻すには、もはや彼を倒すしかない。トゥルヒーリョ暗殺に立ち上がった者たちの陰謀に、政府内部の権力闘争が入り交じる。果たして暗殺は成功するのか、次にやられるのは一体誰なのか、サスペンスたっぷりの展開に、読者はぐいぐいと引きこまれる。

国民には超自然的な力すら身につけていると信じられ、無敵を誇ったトゥルヒーリョだが、唯一勝てぬ敵がいた。それは自分の老いである。処女を前に、始めて自分の不能を知った彼は泣く。「裏切られたように感じて絶望し、半狂乱になったというわけ」。男らしさによって国を築き上げた彼が、まさにその男らしさに裏切られるシーンこそ、この作品の山場だろう。これが文学の力か、と思い知った。八重樫克彦＋八重樫由貴子訳、作品社。

『読売新聞』二〇一一年一月三十日

平石貴樹『アメリカ文学史』

アメリカ合衆国という巨大な世界で数百年にわたって書かれてきた文学を、丸のまま一人で掴み取ることは可能なのだろうか。

できる、と平石は答える。そしてどこかから借りてきた意見を並べるのではなく、ひたすら作品を読み、感じ、考え続ける。そうして六百ページにわたる大著ができあがった。この英雄的な達成を前に、だが我々はひるむ必要はない。なにしろ驚くほど分かりやすい文章で書かれた本書は、一冊の小説としても読むことができるのだから。

主人公は、神に取って代わった近代的自我である。アメリカ独立の父フランクリンが提示した、きちんと自分を律して目標に向かう自我こそ、国民的な神話であるアメリカン・ドリームの基礎となった。十九世紀中頃に書かれたメルヴィルの『白鯨』では宇宙的な規模に拡大した自我も、やがて大きくほころび始める。

フロイトが意志ではどうにもならない無意識を発見し、社会はますます複雑化していく。そうでなくても女性や有色人の立場からすれば、成功を補償してくれるアメリカン・ドリームなどよくできた嘘でしかない。二十世紀に入り、やがて近代的自我がぼろぼろに崩れ去るさまを平石は丹念に追いかける。

本書の白眉は南部文学論の部分だろう。奴隷制という罪と向き合えなかったがために児童文学に逃げこんだマーク・トウェイン、日本にも似た封建的な家族制の中で歴史の呪いとどう向き合うかを問い続けたフォークナーなど、読みごたえのある記述が続く。なにより平石自身プロの読み手でありながら、小説ファンという立場を崩さないところがいい。「物語の面白さ、わかりやすさ、個性的な人物像、それらの世俗的な近づきやすさを、小説はなにより欲している」と彼は言う。こうした素朴とも思える言葉をぬけぬけと書けるところに彼の凄味がある。「人が生きることの共感」について語り、カーヴァーやブコウスキーに新しい可能性を見る本書は充分に挑戦的だ。松柏社。

『読売新聞』二〇一一年二月十三日

オルハン・パムク『無垢の博物館』

読んでいると心が激しくかき乱される。遠い国の話なのに、気づけば自分のことが書かれているとさえ思えてくる。それは、パムクが愛の本質についてあまりにもよく知っているからだ。

舞台は一九七〇年代のイスタンブールである。アメリカ帰りの裕福な青年ケマルは、落ちぶれた親戚の娘フュスンに恋をする。一度は愛を交わすもの、すでに婚約者がいる彼は、自分の気持ちに正直になれない。そしてためらう彼に失望したフュスンは他の男性と結婚してしまう。ここまではよくある話である。だが、彼女への思いを断ち切れないケマルはついに婚約を破棄し、理解ある親類のお兄さん、という名目で、フュスン夫妻と両親が住む貧困地区のアパートに毎晩通い始める。この儀式がなんと八年間も続くのだ。それだけではない。ケマルは彼女との思い出が詰まったさまざまな小物を数万点も集め、ついには「無垢の博物館」まで建立してしまう。

だがそれは単なる狂気の愛ではない。西欧を崇拝するあまりトルコを軽蔑し、貧しい人々に冷たかったケマルが、八年かけて人生を理解していく過程でもあったのだから。

古風で信仰の厚い運転手チェティンの言葉、「一等大切なのは、愛する誰かに、見返りを求めずに一番大切なものを捧げることなんですから」をなぞるように、ケマルは破滅と引き換えに、彼なりの幸福を手に入れる。たとえば、愛する人の手をただ数秒見つめること。そんな記憶を彼は丹念に記録し、コレクションする。

確かにケマルは愚かだ。だがこうした過激な愚かさを通してしか、我々は自分自身には行き着けないのではないか。トルコ的に体面を保つための結婚もできず、西欧的に自分の恋愛にも生きられないケマルは、いまだヨーロッパ人にもアジア人にもなりきれない我々の姿とも重なるだろう。「幸福とは愛する人のそばにいることなのだ」というケマルのシンプルな気づきが胸に迫ってくる。宮下遼訳、早川書房。

『読売新聞』二〇一一年三月二十日

パトリック・シャモワゾー『カリブ海偽典』

現代において正義とは何か。カリブ海文学の巨匠シャモワゾーは千ページ近くにわたって問い続ける。主人公は西インド諸島に浮かぶ仏領、マルチニック島の反逆者バルタザールだ。老人となった彼は死の床で、言葉ではなくわずかな体の動きを通じて戦いの生涯を物語る。

アフリカ、中南米、ベトナムと、強靭な兵士だった彼は半世紀のあいだ世界をめぐり、あらゆる解放闘争に身を投じてきた。そして彼は今、強い無力感に苛まれている。自分が暴力を通じて人々にもたらそうとした自由は開花しなかった。ただ支配者だけが入れ代わり、抑圧は続いたのだ。ならばどうすればいいのか。

ヒントは彼の幼少期にある。女悪魔の呪いを逃れるべく彼に預けられたマン・ルブリエは不思議な力を持つ少女だった。彼女はバルタザールに生命の秘密を授ける。「森全体のなかに自分を鉱物や植物として組み入れ、同じ匂い、同じ影、そしてとりわけ同じ内的リズムをもった存在にしてしまう」方法を教えるのだ。そして彼は樹皮や昆虫で飢えをしのぎ、竹の節にたまった水で渇きを癒せるようになる。

教えるときの彼女は言葉を発しない。むしろ自分の動きを彼に観察させることで、言葉からこぼれ落ちる繊細な知識を伝えようとする。「いろいろな神秘とじっくり付き合いなさい」という後のバルタザールの言葉は、抑圧者と反逆者がともに世界を効率とわかりやすさという貧しい認識でしか見ていないことに、彼が気づいた証拠だ。すなわち、今や遅さこそが正義なのである。

それにしても、本書に登場する女性たちの魅力的なことと言ったらない。悪霊と闘う女漁師、同時に男性でも女性でもある教師たち。彼女たちの強さと優しさは、賑やかなおしゃべりとダンスに満ちたクレオール文学の最良の部分である。つねに柔らかくあること。感覚を閉じてしまわないこと。固い心を持つ僕らにとって、本書はありがたい貴重な飲み物のようだ。塚本昌則訳。紀伊國屋書店。

『読売新聞』二〇一一年四月十日

木村榮一『ラテンアメリカ十大小説』

どうしてもラテンアメリカ文学を読みたくなってしまう。ボルヘスやガルシア＝マルケス、バルガス＝リョサといった巨匠の作品を数多く訳してきた第一人者が、これ以上ないほどのわかりやすさで語りかける。その口調の魅力に引きずりこまれる。

「思わず友人に、あの老人は先ほどと同じ姿勢で座りつづけているみたいだけど、何時間も石みたいにずっと動かずにいるというのは妙な感じだねと言ってみました。するとメキシコ暮らしの長い友人が、こちらには時間が停止しているような世界があるんだ〔……〕という答えが返ってきたのです」。そのとき読者もまた、一緒に中南米の時空を旅している。

木村は言う。中南米のいちばんの特徴は石器時代から中世、現代まですべての時間が同時に存在していることだと。だが、その多様性をただ文学に持ちこんだのでは、単なる土着の導入でしかない。カルペンティエールをはじめとする作家たちは、いったんヨーロッパに出ることで、二十世紀前半の芸術家たちが幻想として探し求めていた魔術的なものが、故郷である中南米に現実として存在することを発見する。

それは、ヨーロッパこそ人類の頂点であるという進歩史観すらひっくり返す眼差しの発明でもあった。レヴィ＝ストロース的な価値転換を、まさに中南米の側から、しかも読む喜びに満ちた文学として差しだすこと。彼らの試みは非西欧である日本にも多くを教えてくれる。

同時に、中南米文学は中南米自身についても批判的だ。木村は繰り返し作家たちが子供時代に受けたいじめに言及する。本ばかり読んでいて喧嘩の弱いボルヘスは級友たちに殴られ、外国帰りのパスは仲間外れにされ、アルゼンチン生まれのプイグは男性至上主義になじめない。幼いころ彼らが感じた怒りや疎外感が、やがて文学や歴史そのものを書き換える大きなうねりとなって広がっていく。小さな日常と巨大な変革を等価に見るところに木村の文学者としての良心を感じる。岩波新書。**『読売新聞』二〇一一年四月二十四日**

大和田俊之『アメリカ音楽史』

音楽に関する先入観をこれほど叩き潰してくれる本もない。なに、ジャズはラテン音楽起源だって？　黒人のブルースと白人のカントリーは実は同じ音楽だった？　歌より間奏の方がよっぽどかっこいい、だから間奏だけをつなぎ合わせたらヒップホップが生まれた？　大和田は膨大な資料を駆使して、我々の頭の中の境界線を書き換えていく。何のために？　もっともらしい説明のせいで聞こえなくなってしまった音を、我々の手に取り戻すためにだ。

キーワードは偽装である。アメリカにおいて音楽は決して自己表現のためにだけ生みだされたのではなかった。むしろ「自分を偽り、相手に成り代わり、別人としてふるまい、仮面をかぶる」欲望にこそ駆使されてきたのだ。だからこそ十九世紀の労働者階級に愛されたミンストレル・ショウでは、白人のなかでも差別されていたアイルランド人やユダヤ人が顔を黒く塗り、アイルランド民謡を黒人訛《なま》りの歌詞で歌いながら、実は自分はまっとうな白人なんだよ、と主張する。しかもその舞台を今度は当の黒人たちが真似し始めるのだ。

そこにあるのは「憎悪と憧憬が入り交じる繊細な欲望」である。単なる差別でも尊敬でもない、愛憎入り交じった複雑な絡み合いは、対話なんてきれいな言葉では決して捉えきれない。なぜなら音楽は、あらゆる社会的な壁を越えて、不適切なまでに聞き手を魅了してしまうものだからだ。白人と黒人とラテン系の三者の密接な相互関係こそが大和田にとってのアメリカである。だが一度個々の音楽ジャンルが確定されてしまえば、関係の複雑さは雑音として排除されてしまう。

だからこそ大和田は歴史を遡る。そしてさまざまな音が鳴り響き、ぶつかり、新たな音が生まれる現場に身を置き、その豊穣さを読者と分かち合う。それは彼自身が「アメリカ合衆国の華やかで下世話で活気のある音楽文化」を身体的なレベルで愛してしまっているからだ。音楽を聞き奏でる喜びが根底にあるからこそ、本書は信用できる。講談社選書メチエ。

『読売新聞』二〇一一年五月八日

サルマン・ルシュディ『ムーア人の最後のため息』

豪華絢爛な物語が疾走する。無理もない。主人公のモラエス、通称ムーア自身が妊娠四カ月半で母親の腹を飛び出し、そのまま人の二倍の速さで歳をとりながら語るのだから。遠くスペインのイスラム王朝の血を引くユダヤ人の父と、かのヴァスコ・ダ・ガマの末裔だと主張するキリスト教徒の母を持つ、という彼の出自は、多民族が住む混沌の街ボンベイの比喩でもある。

数億のヒンドゥー教徒とイスラム教徒がぶつかり合う独立前後のインドにおいて、ムーアは究極の少数派だが、そのことは彼の弱さを意味しない。生まれたときから握りしめたままの右拳はあらゆる人を倒せるほど強いし、スパイスの豪商一族を取り仕切る父親エイブラハムは強大な権力まで手にしている。それでも少数派であるムーアの不安は尽きない。「二千年経っても、私たちはまだ帰属しないのか。それどころか間もなく『抹殺』されるのか」。

この恐れには理由がある。ムーアの敵は不寛容だ。少数派は多数派に従え。嫌なら出て行け。「暗い燃料で動く」大衆の感情が一部の者に煽られるとき、生まれるのは暴力と決まっている。元マンガ家の政治運動がコントロールを失い、ボンベイ中で爆弾が炸裂し始めるシーンは凄まじい。かつて『悪魔の詩』を書き、イスラム冒涜の罪状で一度は死刑宣告を受けたルシュディの批判精神はいまだ健在だ。

しかし同時に本書は単純な告発の物語でもない。なにしろすべての登場人物が裏の顔を持つのだから。ムーアの母親オローラはインドを代表する画家にしてネルーの元愛人であり、エイブラハムはマフィアの親玉でもある。表には裏があり、裏にさえ裏がある。ただ真実なのは、女性たちの強さと美しさ、そしてすべての人はいつか死ぬ、という定めだけだ。マザーグースとヒンドゥーの教典、ポップカルチャーと古典文学が混ざり合うルシュディの高度な語りの技術を、まずは楽しんでいただきたい。寺門泰彦訳、河出書房新社。

『読売新聞』二〇一一年五月二十九日

三月十一日の後で——H・D・ソロー『森の生活』

震災のあと、僕の部屋も大学の研究室も棚から落ちた膨大な本で埋まってしまった。

計画停電がはじまると、小さな懐中電灯の灯で本を読み続けた。もちろんこんなの、被災者の苦しみに比べればほんのちっぽけなことだけど、それでも今までの暮らし方に疑問を抱くには十分だった。一生かかっても読みきれないほどの本を抱えて、無理やり明かりを点けてまで仕事してどうするの。

速く効率的に多くの成果を、というのが現代社会を支配する観念で、こうした考え方を僕らはアメリカニズムとかグローバリゼーションとか呼んでいる。でもアメリカの本当の魅力は、こうした価値観に真っ向から対立する思想の流れにあると思う。百五十年ほど前、まだ三十代のソローが書いた『森の生活』はその代表例だ。

ソローの試みを一言で言えば、生活の革命である。やるべきこと、手に入れるべきもの、世間での評判なんかでいつも僕らの頭はいっぱいだ。でも、本当に必要なことはそんなにあるのかな。むしろ無駄なもののおかげで、僕らは人間的に成長できないでいるんじゃないか。「働きづめの人間は、毎日を心から誠実に生きる暇などもたない」。

ここまでは誰でも言える。ソローがすごいのは、実際に原始生活をやってみることだ。ネイティヴ・アメリカンたちの暮らしに触発されながら、湖のほとりに自力で小屋を建て、豆を育て、魚を獲る。そして二年間の孤独な暮らしを通じて自分でつかみ取ったものをシンプルな言葉にする。そこには権威や伝統に対する盲従などまるでない。

実際に確かめてみて、おかしいと思ったらおかしいと言うこと。「まともな人間なら、はるかに神聖な法を守ったおかげで、『社会の神聖冒すべからざる法』とされているものに『公然とそむく』結果となることはよくあるのだ」。十九世紀半ばに一青年が掴んだこの英知が、ガンディーやキング牧師を動かし、インドを独立させて黒人に公民権を与えた。すなわち、世界を変えてしまったのである。筋の通った生意気さこそ、アメリカ最良の部分だと僕は思う。飯田実訳、岩波文庫。

『読売新聞』二〇一一年六月二十六日

『俗臭――織田作之助［初出］作品集』

織田作之助の新作、って一体どういうことなんだろう。もう六十年以上前に彼は若くして亡くなったというのに。実は僕らが知っていると思いこんでいたいくつかの重要な作品が、単行本化の際に大幅に書き換えられていたのだ。本書に集められた雑誌初出バージョンの新鮮さ、湧き上がる文章の躍動感は半端じゃない。もちろん戦争中の重苦しい社会がこの力を嫌ったということもあるだろう。だが、短期間で急速に作家として成熟した織田自身もまた、それに恐れを抱き、切り捨てた部分もあるのではないか。

何より鮮烈なのは女性の力である。一九三八年に同人誌に発表した「雨」に登場するお君は「乱暴ないろ気」で世間を渡り、ついに商家の妻におさまる。浮気と暴力ばかりの夫に好き勝手をされるも、使用人の森田と関係したあとまるきり豹変する。夫は思う。「彼が今迄何一つ自分の自由にならないものはないと思っていた女が、今は如何にしても自由にすることができない一つのものをもってしまった。お君は自分の心をもったのである」。こうなっては夫は嫉妬に悶え苦しむしかない。弱く、声を持たないと思われた人々が掴み得る力と知恵を織田は書く。

しかしそれを貧しい庶民の生命力、といった言葉で括っては、今、織田を読む意味を取り逃がすだろう。「俗臭」の政江は伯爵家の次男との縁談のためなら、自分を「あて」と言わず「わたし」と呼び、流行りのパーマをかける。娘たちは父親の浪花節を下品と言い放ち、リストのレコードを聞く。東京風に、西欧風に振る舞うことで自分が高級になったように思うことの通俗さこそ、僕らの姿そのものではないか。

ただしあまりに人真似がうまくなったせいで、僕らは自分を忘れてしまい、同時に活力も失った。「字のよう書くもんに碌《ろく》な奴はいない」と言い放つ大商人の権右衛門の見識、全財産を失いながら「そうや、この手がある内は、わいは食べて行けるんやった」と思う板前の順平の遑しさがとにかく眩しい。悪麗之介編、インパクト出版会。

『読売新聞』二〇一一年七月十日

エドムンド・デスノエス『低開発の記憶』

妻が出て行ってしまう。家からだけではない。キューバを出て、アメリカ合衆国まで逃げてしまうのだ。革命が起こったからか。いや、むしろありのままの自分を夫に愛してもらえなかったからだ。夫は思う。「キューバ人の感情でさえ開発途上にある。喜びも苦しみも原始的で露骨だし、文化によって磨かれず、単純素朴なままだ」。

なぜ彼はこんなふうに思うのか。なにより彼は自分自身を見下しているからである。ヨーロッパ文化に憧れるインテリでありながら、作家としてキューバ国内ですら認められない。親に言われていやいや始めた家具店が繁盛しても、彼のプライドは満たされないままだ。ナチスの迫害を逃れてやってきたユダヤ人女性との恋にも破れ、その後出会う女性たちの誰もちゃんとは愛せない。

しかも気づけば年月だけが過ぎている。「僕は三十九歳にしてすでに老人だ。東洋の哲学者が望んだように、前より賢くなった気もしないし、成熟した気すらしない」。店も車も自由も奪われる革命は、彼にとって歓迎すべきものだった。なぜならそれは、緩慢な自殺を国家が保証してくれたようなものだったからだ。

ここまでは、若さを失いつつある男のありきたりの物語である。でもここからが違う。一九六二年十月のキューバ危機が勃発し、いきなり彼は核戦争による死と直面するのだ。今眠ったら、そのままハバナの街とともに自分は消えてしまうかもしれない。「米国を相手に戦うのは偉大なことだが、僕はそんな運命は望まない。低開発のままのほうがいい」。だが個人の力はあまりにも弱い。日常生活に巨大な歴史が介入してくるとき、我々は呆然と眺めているしかないのだ。

今まで主人公は生に退屈していた。だが今は、どうしても生きていたい。それまでの自分を焼き尽くすこの感情は、彼にとって一種の救いなのだろうか。つねに核と隣り合わせに生きるしかない我々にとって、本書は揺るぎない現代性を持っている。野谷文昭訳、白水社。

『読売新聞』二〇一一年七月三十一日

夏の一冊――マルクス・アウレーリウス『自省録』

ローマ皇帝の書いた究極のビジネス書である、と言ったら失礼だろうか。彼が提案するのはなによりも、悩みの減らし方である。「時を現在にかぎれ」。未来のことで悩んでも仕方ない。過去のことを悔やんでも意味がない。ただ目の前のことにひたすら取り組むこと。皇帝も普通の人だったんだね。

人の意見で心を揺らすな、というのもいい。褒められたがるな、あなたは「一時間のうちに三度も自分自身を呪うような人間に気にいられたいのか」。至言である。気持ちのよい暮しは心の節制から。想いの大掃除というアイディアは、現在でも大いに使える。

神谷美恵子訳、岩波文庫。

『読売新聞』二〇一一年八月七日

アントニオ・タブッキ『他人まかせの自伝』

父の声が響く。そして私は動揺する。すでに癌で亡くなったのではなかったか。しかも咽喉を切り取らざるを得なかった父は、最期の二年半、声を失っていたはずだ。イタリア人である父は、生前一度も話したことのないポルトガル語で息子に語りかける。「ラテン語の文字はいくつあるんだい」。

もちろんそれは夢の中の出来事だ。だがその声は本物だ、と私は感じる。外国語の響きのなかに、あの懐かしい親密さ、物憂い優しさを、私は確かに読み取ったからだ。こうした体験がゆっくりと作品に育っていく。夢と現実のあわいを巧みな語りの力で綴るタブッキが、本書では主要な五作品について述べている。だが単純な解説ではない。短いエッセイあり、書簡あり、創作ありで、それら全体がタブッキにおける創作の原理をゆるやかに指し示している。

たとえばこんな一節はどうだろう。「語るということは、もともと存在しないもののなかから、存在するものを引き出すことなのだ」。亡くなった人々、友人への、あるいは恋人への伝えきれない想い。それらはすべて、消え去った過去に属している。だが同時に、鳴り響く声として、今ここにも存在するのではないか。「詩の声には亡霊との対話を可能にする力がある」。

夢は他の世界への、一つの通路である。そして外国語で語ることもまた、日常の自分を切り捨て、別の世界へ入っていくきっかけとなるのだろう。ただし誤解してはいけない。タブッキにとって他の世界とは、時に現実よりはるかに官能的である。主人公は死者たちと語らい、酒を飲み、美味い料理を食う。彼らの濃密な声は、まるで踊りのように生々しい身体を感じさせる。

その死者たちの中心には、偉大なるポルトガルの詩人、フェルナンド・ペソアがいる。夢見る力を引き継いでいくこと。本書には、文学の古くて新しい魂が息づいている。

和田忠彦＋花本知子訳、岩波書店。

『読売新聞』二〇一一年八月十四日

ミゲル・シフーコ『イルストラード』

恩師の遺体がニューヨークの河で発見される。激しい社会批判でフィリピン社会を揺るがしてきた作家クリスピンだ。自殺か他殺か。彼に書き手としての生きざまを学んできた若者ミゲルは、真相を探るべくフィリピンに戻る。

ミゲルの旅は、そのままフィリピンの歴史を遡る試みとなる。どうして自分たちエリートはフィリピンについてアメリカで、しかも英語で書いているのか。前例はある。十九世紀の革命家ホセ・リサールは、スペイン語でフィリピンの窮状について書き、スペインからの独立運動に火をつけた。その後のアメリカや日本による支配、独立後も続く政治的腐敗や、海外への出稼ぎに頼る経済など、問題は今でも山積みだ。だがいくら二人が現代の革命家を気取ってみても、フィリピンの大衆が英語の小説など読みこなせるわけもない。

ならばいっそ欧米人になってしまえばいいのか。これも難しい。「僕は、祖国の人々がスチュワーデスに話しかける時におそるおそる使う英語、長年の欧米暮らしにもかかわらず決して完璧なものにはならなかったその英語に聞き耳を立てる。〔……〕確信を持って発話されるのは、よく使う日常の決まり文句だけ」。実はクリスピンもミゲルも一度、白人女性との恋に破れていた。単に相性が悪かったのか。あるいは東西の文化的なギャップのせいか。人生において真の理由が明らかになることはない。ただ彼らの中で、フィリピンにもアメリカにも居場所がない、という感覚だけが積み重なる。

唯一の救いは混沌としたマニラの魅力だ。「その中では善と悪の境界は曖昧になり、いつ起こるとも知れない暴力の匂いが湿気と一緒に背中にはりついてくる」。巨大都市の生命力はインテリの苦悩などものともしない。それは多様性をはらんだフィリピンそのものの魅力でもある。もはや遠くなってしまった自国についてもっと知りたい、と思う気持ちは我々にとっても他人事ではない。中野学而訳、白水社。

『読売新聞』二〇一一年八月二十八日

波戸岡景太『ピンチョンの動物園』

米国でもっとも難解と言われる作家ピンチョンの小説は、動物の宝庫だ。『重力の虹』では大タコが暴れ回り、『メイスン&ディクスン』では博学英国犬がしゃべりまくる。にもかかわらず、近代の歴史全体を掴み取り、世界を支配するシステムとの対抗をも探る彼の作品において、ともすれば動物たちは脇役と見なされてきた。それは違う、と波戸岡は言う。むしろ彼らこそが主役なのだと。

そこには、理論的な読み方や、すべてを文学史に結びつける手法に対する疑いがある。そんなことをしてみても、ただわかったつもりになるだけだ。それではピンチョンのテクストの持つ若々しい魅力を取り逃がしてしまうだろう。「ディテールのいちいちを小説全体の枠組みと照らし合わせながら読むという地道な作業以外に、その『若さ』の秘密を知り得ることはできない」。そしてその秘密とは、動物たちが握っているのだ。

人間たちに苦しめられる動物たちが鍵となる。『V.』で子供が飼いきれなかった鰐たちは下水に放たれて増殖し、暗闇のなか銃で退治される。『重力の虹』でドードー鳥は不格好なあまり、むしろ射殺するほうが彼らには救いなのでは、とまで言われてしまう。そこにあるのは、テクノロジーを独占した人間の身勝手さであり、人間の生存のためなら動物なんてどうなってもかまわない、という人間中心主義である。でも考えてみよう。人間も動物の一種である以上、動物の住めない地球になんか住めるわけがないではないか。

ピンチョンが狙っているのは、動物を「それ」と物扱いするのではなく、人間と対等な「汝」と見る、という倫理的な認識転換である。神学者ブーバーの用語を用いて論じる波戸岡は、もはや古典となったピンチョン作品を今、読む意味を見事に射抜いている。

『読売新聞』二〇一一年九月十一日

水声社。

西村佳哲『いま、地方で生きるということ』

収録されている酒井咲帆の連作写真がいい。旅の途中、バスでうたた寝してしまい、たまたま下りた村で出会った小学生の子供たち。「またね」と交わした約束を守りたいばかりに、気づけば十年通い続けてしまう。彼らが成人式を迎えたときにはもう、偶然はかけがえのない必然に変わっている。

仕事とは何か。名著『自分の仕事を作る』で始めた問いを、西村は東北と九州への二つの旅でも人々に投げかけ続ける。あらかじめの答えなどない。ただ、敬意を持って相手の話を聞く、という基本原則だけに導かれながら、移動とインタビューと思索が繰り返される。ロードムービーのようなビジネス書、とでも言ったらいいのか。ただし効率重視のそれとは、向いている方向は正反対だけど。

被災地でボランティア活動をする川北ありは語る。「自分の意思で動いている感じも少なくて、なるようになっていることに乗っかっているだけというか」。ただ自分が必要とされる場所に居合わせ、できることを持ち寄ること。仕事とはかけがえのない関係に至る道筋である、という認識の転換が気持ちいい。ミシマ社。

『読売新聞』二〇一一年十月二日

イェジー・コシンスキ『ペインティッド・バード』

ただ生き延びることがこんなに過酷なのか。設定が究極的だ。第二次世界大戦中、ナチス・ドイツ支配下の東欧に、両親から引き離された六歳の少年が放り込まれる。黒い髪、黒い瞳を持ち、つねにユダヤ人であることを疑われる彼は、農村地帯を一人さまよう。もちろんそこは安住の場所ではない。無知と残忍さが支配する村に近づけば、彼は子供たちに石を投げられ、大人には獰猛な犬をけしかけられる。彼もされるがままではない。蛇や妖精の真似をして相手を騙し、必要とあれば反撃する。受け入れてくれそうな農民を見つけて働けることを必死に訴え、呪術を使う医師の家では邪悪な瞳を持つ者として治療を手伝う。

作品を通して浮かびあがるのは、ユダヤ人迫害におけるナチスと一般市民の共犯性だ。もとよりユダヤ人を敵視していた農民にとって、ナチスは正義を下す者でしかない。題名にもなっている「色を塗られた鳥」とは、人間によって派手なペンキを塗られ、元の群れに戻された鳥たちのことである。ついに救われたと思った瞬間、奇妙な外見を見とがめられて、結局は仲間に突つき殺されてしまう。人間もまた、同じことをしているのではないか。

一九六五年にアメリカで出た本書は、あらゆるバッシングを受けてきた。自分ではホロコーストを経験していない作者による贋作だとか、実は盗作なのではないか、という疑惑に曝されたのだ。だがそうした攻撃は、物語を通じて本質をえぐりだすという、文学の持つ力への恐れから来ているのだろう。組織的な殺人にまで至る差別はなぜ起こるのか。その問いかけにおいて、本書は南アフリカの人種隔政策のなか書かれたクッツェーの『マイケルK』とも近い。

戦後、主人公は線路に伏せ、蒸気機関車が通過するなか、「純粋な生命の息吹」を感じる。彼にとって、安定した世界など息苦しいものでしかない。死の寸前において人が感じる自由を描く本書は、いまだ危険な真実を示し続けている。西成彦訳、松籟社。

『読売新聞』二〇一一年十月二十三日

西成彦『ターミナルライフ——終末期の風景』

はたして我々は自分の死に正面から向き合ってきたのだろうか。本書で西成彦は問いかける。父親も二匹のペットも相次いで旅立った。次は自分だろうか。西は二十世紀文学の名作を杖に、死をめぐる思索の旅に出る。

西の目の前で、知っているつもりの名作が、まったく違った相貌を見せ始める。圧巻はカフカを論じた数章だ。『変身』で虫となり死んでいくグレーゴルの姿とは、最後まで聴覚と言語能力が残ったまま、発話する力のみ失った末期患者の比喩なのではないか。

ならばグレーゴルにリンゴを投げつける父親や、死んでくれればせいせいする、とばかりに残酷な言葉を投げかける妹は、看病に疲れ、追い詰められた家族ということになる。役に立つ者のみが評価される現代社会においても、すべての人は病み、やがて死んでいく。周囲からは害虫扱いされ、苦しみに満ちた緩慢な死のただ中にあるグレーゴルに生きられる空間が存在しないとしたら、結局、我々は社会から我々自身を締め出してしまっているのではないか。

人間の居場所がない社会とは、生きることよりも規律が優先される社会である。カフカの『訴訟』でいきなり官僚機構に有罪宣告されるKのように、突然病を告げられた我々は、医師という専門家にすべての生殺与奪の権利を委ねてしまう。あとは医療システムを支配する規律のままに物事が動いていくだけだ。そしてその中の死は、自分の死と呼べるのだろうか。

西の読みによって、カフカはあまりにも現代的な作家として蘇《よみがえ》る。それはプルーストも同じことだ。病を得て、強烈な臭いを放つスワンの身体は、すべての衛生学に対抗する。少数派が「汚い」ものとして排除され殺されてきたのが二十世紀の歴史だとしたら、我々はその不寛容を乗りこえることができるのか。

南アフリカの作家、クッツェーの諸作品を、まさに汚れとの共存の試みとして読み解く視点も刺激的だ。身近な問題から世界に飛翔するという文学の醍醐味がここにある。作品社。

『読売新聞』二〇一一年十一月二十日

『アイ・ウェイウェイは語る』

何より笑顔に惹かれた。でっぷりと太った丸顔、丸刈りの頭、もじゃもじゃの髭。どこか古代の聖賢を思わせるこの男が、今の中国でもっとも注目を集める芸術家だなんて驚く。

巨大な輪ゴムが絡まったような北京オリンピックの主会場「鳥の巣」の設計に関わり、中国の現代美術をほとんどゼロから立ち上げ、社会運動家としても世界的に知られるアイ・ウェイウェイとはどんな人物なのか。平易な対話形式で書かれたこの本はそのまま、中国の現代史にもなっている。

一九五七年生まれの彼は著名な詩人、艾青《アイチン》の息子としてゴビ砂漠の真ん中で育った。政府に弾圧された父親は、そこでトイレの掃除夫として働かされていたのだ。ウェイウェイが父親から学んだものは、恐れを知らぬ強靭な精神力と、過酷な現実を乗りこえるユーモアの力だった。

正規の教育をほとんど受けないままアメリカに渡った彼は、マルセル・デュシャンやアンディ・ウォーホルといった現代美術の巨匠たちの作品と出会う。彼らもまた、冗談を通じて世界の別の見方を提示する名人だった。九〇年代の中国に戻ったウェイウェイは、凄まじい勢いで芸術の運動を起こし、創作し、建築物を造りまくる。

「わたしには想像力も記憶力もないんだよ。その瞬間、行動するだけ」と語る彼は、周囲から促されるままにブログを始め、それが新しい現実を生みだす強力な武器になることを発見する。たまたま手にとった『ウィトゲンシュタインの建築』という本を頼りに建てた自宅が評判になり、さまざまな大規模プロジェクトを動かすまでになる。彼が手を触れた物事がみるみる育っていくさまは、まるでおとぎ話のようだ。

もっとも好きな言葉は、と訊かれてウェイウェイは答える。「自由」だ、と。自分の頭で考え、興味がひかれるままに行動し、感じたままに語ることがこれほどの力を持ち得るのか。一つところに留まらず、つねに新たに挑戦していく彼に芸術家のあるべき姿を見た。尾方邦雄訳、みすず書房。

『読売新聞』二〇一一年十二月四日

ジョナサン・カラー『文学と文学理論』

ものすごくいい先生の授業に出ているみたいだ。フェミニズムから脱構築まで、あれほど分からず苦しんだ理論が、カラーの手にかかればあら不思議、びっくりするほどよく分かる。しかも議論の水準は高いままだ。せめて二十年前に出会えていたら、あんなに回り道せずにすんだものを。

対象は多岐に渡る。デリダやバルトなんて懐かしい名前から、バトラーやアガンベンなど流行りのものまで。しかもそれらが、言葉や文学をめぐる問いの歴史としてきちんと整理されているから、じっくり読めばちゃんと腑に落ちる。

そもそも理論なんて面倒くさいものがどうしてあるのか。カラーは親切に教えてくれる。僕らはさまざまなものについて分かったつもりになっている。たとえば、仕事とはこんなもの、社会とはこんなもの。どんなに生き辛くても我慢するしかないさ。でも本当にそうなのか。

そこで理論の出番である。「慣れ親しんだものを見知らぬものとし、自分たちが扱っている事柄を新しいやりかたで捉え」る助けをしてくれるのが理論の仕事だ。言い換えれば、理論は僕らに思考と行動の自由を示してくれるのだ。

理論はどうやってそうするのか。意見も言えず、窒息しそうな場所に無理やり対話の空間を開くことによってである。カラーは言う。「若い人びと、周縁にいる人びとが名声の高い年長者の見解に異を唱える公共的な論争」こそが大事なのだと。どんなに偉い人がなんと言おうが、きちんと手続きを踏み、説得力のある議論ができれば、若くても無名でも反論できる。そして世界を作り替える仕事に参加できる。学問に対するカラーのこの信頼感がまぶしい。

だからこそ、カラーは対話を抑圧するものを徹底して嫌う。自分が前もって用意した理屈でテクストをねじ伏せる、なんてもっての外だ。目の前で発せられている言葉にきちんと耳を傾け、自分さえ変わってしまう危険を犯す勇気をもつこと。僕は彼に思考し続けることの力を教わった。折島正司訳、岩波書店。

『読売新聞』二〇一一年十二月十八日

二〇一一年の三冊

『オスカー・ワオの短く凄まじい人生』刊行から著者のディアス氏来日イベントまで全力疾走した。ただ感謝あるのみ。

①イェジー・コシンスキ『ペインティッド・バード』（松籟社）
②マリオ・バルガス＝リョサ『チボの狂宴』（作品社）
③織田作之助『俗臭』（インパクト出版会）

文学の持つ恐ろしいまでの力を再認させてくれたのが①。他人を一度でも差別したことのある人間がホロコーストを批判できるかという重い問いを突きつけてくる。文学の面白さに酔いしれたいなら②。気がつけばドミニカの独裁者の話に夢中になっている。中南米文学はまだまだ元気だ。初出雑誌から発掘された作品をまとめたのが③。織田作之助の文章ってこんなに新鮮だったのか。日本語や日本文学の可能性を信じさせてくれる名著だ。

『読売新聞』二〇一一年十二月二十五日

二〇一三年の読書日録

某月某日　台湾に行ってきた。恥ずかしながら、いままで外国といえばアメリカ合衆国とメキシコしか行ったことがない。台北を歩きながら、ああ自分は甘かった、と思った。意味に満ちた、漢字ばかりの看板がぐいぐいと押し寄せてくる。ホテルのテレビでドラマを見ていて驚いた。すべての発言に字幕が入るのだが、中国語がわからないにも関わらず、恋愛のもつれが直接脳に突き刺さってくる。漢字文化の凄さを知った。

東アジアの国同士の関係が難しいのは、似ているけど違う、という絶妙な距離感のせいなのではないか。あいつらとは違うと互いに言い続けなければいられないほど似ている。でも結局ヨーロッパやアメリカなんかの遠くから見れば、漢字文化圏で、米を食べて、顔も似てる人たちでしかないんだよね。

有名な誠品書店に行ってみて驚いた。巨大な店舗に、日本語、英語、中国語の本が、特に区別なく並んでいる。しかもその選択の感覚がとてもいい。翻訳も、ウンベルト・エーコなんかが大量に訳されている。床や階段にはたくさんの若者が坐りこんで本を読んでいて、その熱気がすごい。なんだ、多文化を受けいれて楽しむ技術では、台湾のほうが日本より圧倒的に上なんだとわかった。

帰国して手にとったのが中島京子『のろのろ歩け』である。この本に収録された三編には、中国に触れ、自他の境界が揺らぎ、世界を新しい目で見られるようになった人々が出てくる。所収の短篇「天燈幸福」では、最近死んだ母と何らかの関係があったらしい三人のおじさんに会うべく、主人公の女性は一人台湾に向かう。

そこで彼女が出会ったのは、古い言い回しの日本語を操る老人たちだった。「ときどき彼らの言葉には『あにはからんや』とか『ゆくりなく』とか『はしなくも』とかいった、美雨には馴染みのない古語のような日本語が混じった」。自分が生まれる前の母親を知り、自分よりも古風な日本語を使うこの人たちはいったい誰なのだろうか。ある意味では、美雨より正しい日本人なのではないか。

しかし同時に彼らは安易な同化を許さない。一人が言う。「あの時代なかりしかば、我々は我々としてここに存在することもないでしょう。だが、懐かしいといっても楽しいばかりではない。いかんせん、とても悲しい思い出もありますから」。単純な哀惜とは違う、日本の植民地支配に対する静かで強い怒りの混ざった感情がそこにはある。だがいま、母親を失い、恋にも破れた美雨の前で老人たちは限りなく優しい。日本の隣に台湾が存在し、台湾の人々がいてくれることがひたすらありがたい。

某月某日　それでは漢字がアルファベットと出会うとどうなるのか。多和田葉子『雲をつかむ話』の舞台はドイツだ。そこに長く住んでいる語り手は思う。「中国人の名前がアルファベットで書かれていると覚えられない。だからと言って、漢字で書かれていたら発音できない。日本人の名前もアルファベットで書かれていると蟻の行列のようで覚えられない。当て字でもいいから漢字にすると覚えられる」。文字は分っているが発音できないとき、それは分っていると言えるのか。漢字的思考ではイエスであり、アルファベット的思考ではノーだろう。では、発音できるが字がわからない場合はどうなのか。

かくして、登場人物の一人ベニータは突然、ドイツ人であるにもかかわらず紅田という名前に置き換えられる。とりあえず、字が分からないから適当な漢字で発音を置き換えたといっても、ドイツ人の名前に正しい漢字なんてあるわけない。それでも彼女が紅田になったとたん、物語は生々しく展開する。紅田はルームメイトのマヤにアイデンティティを盗まれ、恋人まで盗まれたあげく、マヤにナイフで刺されて、身体が紅の田んぼのように血で染まるのだ。

語り手が日本語を教えていたブレーメン出身の青年、鱒男の作文もいい。「春が来ると、出たいです」。誰がなぜどこに出たいのか。全く分からないまま、気持ちだけは伝わってくる。それにしても鱒男という名の生臭さよ。リービ英雄もそうだが、日本語、中国語、西欧語の三つからものを考えるという視点が刺激的だ。

某月某日　ならば日本語話者同士は分かり合えるのか。綿矢りさ『しょうがの味は熱い』はその強力な反証になっている。とにかく、相性の悪いカップルを書かせれば彼女の右に出る者はいない。本書では同棲中の男女の三年間が語られる。絃《ゆずる》は名前と違って、まったく奈世にゆずらない。彼女が米を食べていても頑なにパンを食べ続け、チケットが安いからと言って一人でグアムに旅行に行く。しかもそうすることで彼女がどう思うかなど想像もしない。奈世もすごい。会社で猛烈に働かされ疲労のピークにある絃をベッドで撫で続け、彼に拒否されると泣き叫ぶ。果ては勝手に役所に婚姻届を取りにいき、なんと自分で絃の名前まで書き込んでしまう。その書類を見た絃は怯え、硬直する。近くにいることで二人は疲弊していき、絃は後頭部が禿げ、奈世は神経性胃炎になり痩せ細る。

ならばどうして別れないのか。がんばればどうにかなる、と二人は教育されて育ったからだ。「でもいままでの私は〝がんばる〟しか問題の解決法を知りませんでした。勉強についていけなくても、新しい環境になじめなくても、すべてがんばってふんばって努力で追いついていきたのです」。偏差値教育ではがんばれる者だけが勝つ。だが人生においては？　恋愛でも仕事でも、ただがんばったところで人は疲れるだけだ。でも学校では、人はそれぞれ違うのだから、向いた楽にできることをしようなんて教えない。口先では個性の尊重と言っても、そもそも社会のシステムが多様性なんて重んじてはいないのだからしょうがない。かくして我々は日々すさんでいく。

文中の「水が水を削る音」「太陽の光には重さがあることを知った」などの表現がキラキラしている。こうした正確な観察力と社会的洞察力の結びつきが綿矢りさの魅力だろう。

某月某日　東京国際文芸フェスティバルに参加してきた。僕の担当は、綿矢りささんと、ドミニカ系アメリカ人作家ジュノ・ディアスさんの対談「オタクのための恋愛入門」の司会である。余計なお世話という感じのタイトルだが、聞けばお二人とも結構なオタク体質らしい。決して上から目線で論じるわけではなく、自分も生きるの辛いけど、こんなふうに考えてみたらどうでしょうか、みたいなノリで話が進むのが楽しかった。

『オスカー・ワオの短く凄まじい人生』の主人公オスカーが、オタクなのに三次元の女性にアタックしまくるのはなぜですか、と綿矢さんが問うと、いやあ、実は自分のことをオタクだと思っていない男性でも、自分の脳内の女性像を現実の女性たちに重ね書きしてるんだよ、とディアスさんが答える。これって深くないか、と横で勝手に僕は考えていた。

そもそも人間には他者を理解できるのか、という哲学的な問いをめぐって、言語も文化も違う二人の作家が、やたらとチャラい文脈で語り合っている。おそらく我々には他者を理解しようとする運動しか許されておらず、わかったと思った瞬間、理解は失敗するのだろう。考えてみれば、綿矢さんもディアスさんも作品を通じて、他者と向かい合うときの倫理について考察している。この二人の出会いの場に立ち会えて幸せだなあ、と思った。

幸福はまだまだ続く。フェスティバルで最も幸福だったのは、楽屋で谷川俊太郎さんと少しだけお話できた数分である。実は僕は中学生のころ、角川文庫で二巻本で出ていた谷川さんの詩集が大好きで、いつもポケットに入れて持ち歩いていたんですよ、と言うと、「そう」と笑っておられた。完全に片思いである。恥ずかしい。そのあと「自己紹介」という詩を朗読されたのだが、素晴らしかった。まったく難しくない言葉なのに、聞いている側の心の奥の方にすとんとはまってくる。

帰ってから、『自選　谷川俊太郎詩集』を読む。僕がいちばん好きな谷川さんの詩集は『夜中に台所でぼくはきみに話しかけたかった』なんだけど、この本にも名作「芝生」が入っている。「なすべきことはすべて／私の細胞が記憶していた／だから私は人間の形をし／幸せについて語りさえしたのだ」。かっこいい。自分でない大きな力と繋がっていることと、そこに現れる大きな広がりだ。

命は語りかける。「木を見ると／木はその梢で私に空をさし示す／木を見ると／木はその落葉で私に大地を教える」。ほんの身近なところから、一言で宇宙にまで飛ぶ。でも小さいものを歌った詩も好きだ。「はなのののはな／はなのなあに／なずななのはな／なもないのばな」。なんて、みんなどこかで聞いたことがあるのではないか。小さなものに向けられる視線が優しい。

こうした言葉遊びは、とても外国語に翻訳することはできない。でも耳で聞けば、どんな言語を使っている人でも、楽しさは分かち合えるような気がする。小説と違って、詩は翻訳がとても難しい。でも、まるで音楽みたいに、翻訳を必要としない言語の越え方もあるんじゃないかな。

某月某日　フェスティバルでお会いできたのは谷川さんだけじゃない。いしいしんじさんとも再会できた。いしいさんの登場は鮮烈だった。ピエロみたいな格好で突然早稲田の講堂に現れる。一人入ってきただけで、大きな会場の雰囲気が和やかな、楽しいものになってしまう。都電荒川線の中で「その場小説」を書いて、そのまま来たらしい。「車内でぐーっと加速がかかると書くものも変わる」との言葉が印象に残った。いしいしんじの言葉はすべて体の声なのだ。

そのことが、『ある一日』を読むとよくわかる。いきなり「京都の広い海原」が登場する。京都に海なんてあったっけ。ある。血液や羊水としてわれわれの体の中に。あるいは、はも鍋の中に。京都の海は慎二が落ちたニューヨークのハドソン川に、キューバに、そしてうなぎたちの卵が孵化するマリアナ海嶺に繋がっていく。時間も場所も関係ない。だって水は常に循環しているのだから。

同様に、食べられているはもと、食べている人は一体になる。そして二人の人間が一体となれば子供が生まれる。「なにも閉じられてはいないと、からだの底で、三人は同時に感じていた。人の手ではどうしようもないエネルギーが、底にあいた穴から噴きだし、穴の底にはまた穴が開き、その穴に落ちこんだとおもっても、いつのまにかまたもとのところへ戻っている」。どうして三人の体の感覚を同時に語ることができるのか。それは、三人が命の流れにおいて、どうしようもなく一体だからだ。

某月某日　池澤夏樹さんと初めてお話できたのもフェスティバルの大きな収穫だった。ナイジェリア出身の作家アディーチェを池澤さんがインタビューしたとき、ポーランドのジャーナリストであるカプシチンスキの話をしたら、あの人は全然アフリカのことがわかっていない、と彼女は怒りだしたらしい。「でも、彼女もカプシチンスキも両方いるからいいんだよね」とおっしゃっていたのが耳に残った。良し悪しを決めつけて切り捨てない、という池澤さんの態度に真の知性を感じた。

『完全版　池澤夏樹の世界文学リミックス』を手に取った。これ、文学作品の紹介の本としてはほぼ完璧なんじゃないだろうか。口調はあくまでわかりやすいが、要点をきちんと掴んでいる。なにより読者の感情をかき立てるのがうまい。それだけではない。たとえば『イワーン・デニーソヴィチの一日』だったら、「自負心と連帯の意識が大事だという点では、鉄条網の中と外はぜんぜん違わない」と池澤さんは言う。ただの告発ではない、深い部分を教えてくれる。あるいは、差別がなくならないのは「差別は楽しいから」だ。人間の心の暗い部分を見つめつつ、なおかつ他者への信頼を失わないこと。矛盾する二つの立場を同時に手放さないという精神の態度こそ文学なのだ、とこの本を読んで気づいた。

某月某日　古典は恐ろしい。現代日本に住む我々は、嫌われないように、バカにされないように、反発を買わないように、毎日他人の顔色を見ながら、汲々として暮らしている。けれども古典は違う。なにしろ作者はもう死んでいるんだから、嫌われたってかまわない。バカにされたって、そもそも当時は現代の知識が存在しないんだから関係ない。反発を買うような暴言を連発しても、常識のあり方が違うんだからとがめようがない。かくして古典は現在僕らが入手できる、もっとも過激な本ということになる。

たとえば、マキアヴェッリ『君主論』を見よ。「何よりも、他人の財産に手を出してはならない。なぜならば人間というものは、殺された父親のことは忘れても、奪われた財産のほうはいつまでも忘れないから」。親を思うのが人の根本、なんて道徳は一発で吹き飛んでしまう。しょせんは親も他人である。人の痛みより自分の痛み。そして、金の恨みは永久に続く。ここには人間のリアルがある。古代の聖人や、現代の道学者は恐くてこんな現実を見ることはできない。もちろんマキャヴェッリだって、きれいごとですむならそっちの方が良かっただろう。だが時代が違う。自分が本当のことを君主に助言しなければ、すぐに国が無くなってしまう。自分や愛する者たちも殺されてしまう。だからあえて真実を言う。

こんなのもいい。「人間というものは一般的に、目で判断を下すのであって、手で判断することは少ない。なぜならば、目で見ることは誰にでもできるが、手で触れること前提となっているのは人間の愚かさである。高価な服を着た人間の言葉は少数の者たちにしか許されないから」。顔の美しい、高価な服を着た人間の言葉どんなに中身が大事と自分に言い聞かせても、顔の美しい、高価な服を着た人間の言葉を信じてしまう。だから外見を繕うことは大事だ。しかし、こうした言葉を口にしてしまった瞬間、マキャヴェッリのいる場所はパンクロッカーと同じになる。ただ表現が正反対なだけだ。

某月某日　最近、近代についてよく考える。ナチスによるユダヤ人虐殺から原発の破局的な事故まで、この百年間、我々は近代の限界をまざまざと見せつけられてきた。だが、そこであえて、我々にはまだまだ近代が足りないのだと言ってみてはどうだろうか。ホッブズ『リヴァイアサン』を読んでいると、そうした思いが湧いてくる。

ホッブズの思考の原点は戦争状態だ。「何よりも悪いことに、絶えざる恐怖と、暴力による死の危険がある。そこでは人間の生活は孤独で貧しく、汚らしく、残忍で、しかも短い」。内乱を体験した彼にとって、これはただの思考実験ではない。反対に、人間の努力によって克服しなくては必ずやってくる現実である。古代の聖賢たちがあれほどいたのに、なぜ人類は野蛮状態を克服できていないのか。それは聖賢たちの言葉が、単なる頭の中の理屈だからである。生き延びるため、という人間の根本欲求を中心に据えたホッブズは、それまでに厚く堆積した学問の層を剥ぎ取り、ぎこちない手つきで根本からすべてを考え直す。こうした意志を近代と呼ぶなら、我々にはまだまだ近代が足りない。

ホッブズは人間における、嫉妬の感情を重視する。「自分と対等であると思っている相手から、こちらが報いることができるより以上に大きな恩恵を受けたばあい、私たちはにせの愛、いや実際には、ひそかな憎悪をいだきがちである」。多くを受け取りすぎた者は相手を憎む。だからこそ、可能な範囲内で、持続的に贈与を交わすことが大切なのだ。マルセル・モース『贈与論』で取り上げられた経済学の核が、すでに『リヴァイアサン』で述べられている。

利己主義者は破滅するという認識もいい。「もしも人が、彼の援助者を欺くのが合理的だと思うと言明すれば、彼は自分一個の力によって得られる以外、他のいかなる防衛手段も期待しえなくなるのは当然である」。自分さえよければいいとばかりに人を欺く者は他人の怒りを買う。それで成功でもすれば嫉妬される。結局は他人の連合体によって殺されてしまう。だから、生き延びたいと思う者は常に正直でいなければならない。拮抗する複数の力の中で生き延びるための法則をホッブズは自然法と呼ぶ。その外側にいる人などいない。だからこそ、彼の声はいまだ僕らのいる場所まで届いてくる。

某月某日　ホッブズの理論には大きな欠陥がある。複数の力が並び立つ中で生き延びるためには、自分の所属する政治的統合体は一つの意志でまとまらなければならないという彼にとって、意見の多様性など危険な分派活動でしかないのだ。だが、ミルはそうは考えない。むしろその逆ではないのか。彼は『自由論』で言う。さまざまな意見や価値観を持つ「少数者こそ、地の塩である」。なぜか。人間の知性にはある根本的な問題があるからだ。実は人はどれほど優秀な頭脳を持っていても、自分の間違いには気づくことができないように作られているのである。フロイトの、自分では接近できない無意識が意識を支配している、という説を思い起こしてもそのことは納得できる。

ここでミルが導入するのが議論だ。異なる意見を持つ者たちとの議論を通じて、我々ははじめて自己の間違いに気づく。「人間は経験と議論によって、自分の誤りを改めることができる」。そして、「これ以外の方法で英知を獲得した賢人はいないし、知性の性質からいっても、人間はこれ以外の方法では賢くなれない」。議論や多様性が歓迎されない社会で、優れたエリートが人々を導く体制は必ず行き詰まる。なぜなら、議論なき優秀さは必ずや大きく誤るからだ。現代日本閉塞の理由も、まさにここにあるのだろう。

『すばる』二〇一三年四月、五月、六月

III

文学を超える文学

枠組みを疑うこと　スーザン・ソンタグ『隠喩としての病』

突然ですが質問です。みなさんはどうして大学に入ったんだと思いますか。高校の次は大学だって誰かに言われたから？　大学に入ることで、自分はできるんだというプライドを満たすため？　あるいは就職するのに有利だから？　もっと地道な理由を挙げる人もいるでしょう。語学を修得したい、何年か留学してみたい。もしかしたら、友達がほしいという理由を挙げる人もいるかもしれません。

これらはすべて正解でしょう。でも実は、その大本《おおもと》になる理由があるんです。それは、論文を読み書くため、です。そんなの聞いてないよ、と思う人が大半でしょう。確かに、僕も高校生のときに、どうして大学に行くのか、大学とは何をするところなのかなんて誰にも教えてもらえませんでした。高校の先生に訊いても、ちゃんと勉強すればいいところにいけるんだ、いいところにいけば好きなことができるんだ、なんて言われるばかり。

みなさんには、好きなことがいっぱいあります。映画を見たい、アニメを見たい、小説を読みたい。でも、授業に出たらどうでしょう。作品を見たり読んだりするだけでは単位は取れません。論文を読み、論文の書き方を学び、論文を書けるようにならなければ卒業することはできないのです。授業中の発表やレポート、卒論はすべて、論文を書けるようになるための訓練となっています。ええええ、どうしてそんなものに付き合わなきゃならないの？

論文ってなんでしょうか。難しい言葉を並べた理屈っぽい文章で、偉そうにお説教をしているもの。お話しの反対物で、つまらなければつまらないほど論文っぽい、なんてみなさんは思っているんじゃないでしょうか。それは半分は正解です。でも半分は間違い。僕は学生によく言います。漢字が多すぎるレポートは賢く見えないよ、自分でもよく分からない文章を書いたら読む人に失礼だろう。ちゃんと相手に伝わるように、ラブレターを書くみたいな気持ちで書きなさい。でも言われた学生たちはたいていポカンとしています。せっかくがんばって論文を書いたつもりなのにね。

論文の本質ってなんでしょう。一言で言えば、思考の枠組みを疑うこと、です。枠組みとはなんでしょうか。いわゆる常識がそうでしょう。あるいは、太陽は東から昇って西に沈む、みたいな自然認識でもかまいません。どちらにせよ、あまりに当たり前すぎて誰もが考えることをやめてしまっていることを指します。言い換えれば、それらは僕らがものを考える枠組みとなっていて、そのなかでだけ考えればだいたいのことはうまくいく、と信じているもののことですね。

僕らの思考は多くの枠組みでがんじがらめに縛られています。すぐに挙げられるのが次の三つでしょう。常識の壁、歴史の壁、言語の壁。そんなの常識だよ、というのが口癖になっている人はいませんか? でもその常識って、どの範囲で通用しているものなんでしょう。実はこの、いくつかの島で構成されている今の日本だけなんじゃないですか。その常識は、性別が違ったら、職業が違ったら、あるいは出身地が違ったら、もう通用しなくなるものなんじゃないでしょうか。あるいは、ほんの十年、五十年、百年さかのぼったら、同じ日本人だと僕らが信じている人々も、全然違った考え方をしていたかもしれません。外国語を使っている人たちはどうでしょう。日本語と英語では敬語のシステムが違いますね。だったら違う言語を使えば、同じ人同士でも人間関係のあり方さえ変わるんじゃないでしょうか。

ふだん僕たちは枠組みを疑わずに暮らしています。その方が楽だからね。でもそのかわりに、大切なものを譲り渡しているのです。それは思考の自由です。社会にどんな違和感を抱こうが、日々がどんなに退屈だろうが、そんなの当たり前だ、世の中そういうものだ、と他人に言われてしまえば、そしてそれを受け入れてしまえば終わりです。でもね、当たり前ってそんなに強固なものなんでしょうか。ひょっとしたら僕らの力でも、ほんの少しなら世界を変えられるんじゃないでしょうか。でもそうした自由を得るためには、枠組みを疑う力を手に入れなければなりません。

だからこそ高等教育機関である大学では、授業や討論を通じて批判的に考える力を養うんです。語学を学び、歴史を学ぶんです。それらはすべて、精神の自由を得るための訓練なんですよ。そしてそうした作業を、論文を読み書きすること、って大学では呼ぶんです。

難しい言葉も回りくどい理屈も、常識と違うことを考え、伝えるために仕方なく採用されているだけのことです。しかもそれは論文の本質じゃありません。あくまで、こうも考えられるんじゃないか、こう考えたほうが自由なんじゃないか、もっと息がしやすくなるんじゃないか、って提案するのが大切なんです。コミュニケーションを通じて、気づきの喜びを分かち合うと言うか。単に偉そうに見せるのが論文じゃありませんよ。

僕の大好きな批評家にスーザン・ソンタグ（一九三三－二〇〇四）という人がいます。

彼女は七十年以上にわたる生涯で、つねにそのときどきの常識を疑う論文を書いてきました。『隠喩としての病』（一九七八年、冨山太佳夫訳）はその代表作です。その中で彼女は問いかけます。人は癌であると告げられると、なぜ死刑判決を受けたように感じてしまうんだろうか。そして、癌になっただけでもつらいのに、どうしてストレスをため込みすぎたからだ、ちゃんと感情を表現できなかったからだ、なんてひどいことを言われてしまうんだろう。その裏には、現代人を縛っている、ある思考の枠組みがあるんじゃないだろうか。

べつに彼女は、自分を頭よく見せたいとか、儲けたい、尊敬されたいと思ってこの本を書いたわけではありません。自分自身が癌患者になってとても嫌な思いをしたこと、周囲の患者たちもそのせいで打ちひしがれて、恐怖心からきちんとした治療を受けるタイミングを失ったりしているのを見たことが直接の動機になっています。すなわちソンタグは、自分の力でほんの少しでも世界を変えるためにこの本を書いたのです。

彼女は言います。ペストや梅毒、結核、コレラといった病気はそれぞれ、文化の中で隠喩として使われてきた。たとえば疫病は排除すべき外国人を示し、梅毒は性的堕落の比喩として機能してきたのだ。そして癌もまた、感情の抑圧の隠喩として機能しているのではないか。しかもその隠喩は、結核の正反対のものとして文化の中で捏造されたのではないだろうか。この閃きから彼女は、病気にまつわるイメージの歴史をさかのぼります。

みなさんはロマン主義って聞いたことがありますか。十八世紀末にヨーロッパで生まれ、十九世紀に普及した考え方です。自我の尊重や感情の解放が良くて、秩序や論理に従うことや感情の抑圧は悪い、という思考法ですね。金を持った偉そうな俗物がのさばる社会を批判する芸術家、というのはいまだによくある構図です。

ソンタグによれば、ロマン主義の芸術家たちは、彼らの詩や小説や絵画を通じて、結核に一連のイメージを付け加えてきました。結核患者は貧しくても純粋で、霊的に高い位置にあり、繊細で、青白く細いがゆえに美しい、といったものです。こうしたイメージを使って、健康で貪欲、俗物で鈍感な中産階級を批判しようとしたわけですね。これらロマン派が作ったイメージ群は過去のものではありません。たとえばテレビやマンガや小説で、白血病で死ぬ主人公を見たことがありませんか？　それはすべて結核のイメージを引きずっている、とソンタグは言います。「昨今の大衆小説のなかに登場して、かつては結核がひきうけていた、若い命を摘取るロマンティックな病気としての役割を果たしている非腫瘍系の癌もある」。

あるいは女性における美のイメージです。なぜ細い方が美しいとされているのでしょうか。「実の話、二十世紀の女性ファッション（スマートさ崇拝もそのひとつ）とは、十八世紀から十九世紀初頭にかけての結核のロマン化と縁の深い隠喩の最後の砦に他ならない」。二百年も前の人々が作り出した妄想に、二十一世紀の僕たちも振り回されているなんて、悲劇的かつ滑稽ではないでしょうか。

このようなソンタグの方法は脱神話化と呼ばれます。現在の文化研究でも脱神話化は重要な概念です。みんなが当たり前だと思っていたことでも、実は歴史上の誰かが、何かの利益のために作り出したものにすぎないと知ると、少し心が自由になるとは思いませんか。

ただし、ソンタグの作業はもっと切迫したものです。彼女はこう述べています。「隠喩と神話は人を殺す」（『エイズとその隠喩』）。現に癌患者たちは、結核とは対極的なイメージをロマン派に与えられたがゆえに、現在も苦しんでいるわけです。ロマン派にとっての癌とは、豊かさゆえの病、醜さ、情熱不足、抑圧、不自然さの象徴です。都会生活でストレスをため、自然から遠ざかり、食べすぎで栄養過多になり、人間関係や仕事で我慢を重ねた結果として癌になる、と僕たちもまた思い込んでいないでしょうか。でも実際には、都市だろうが農村だろうが、我慢しようがしまいが、癌になるときはなるものです。癌なんて太古の昔からありますからね。

僕たちはいまだロマン派の影響下にいます。言い換えれば、ロマン派の考え方が僕らの枠組みとなっているのです。でも心の自由を得るためには、もうそろそろそんなものとは手を切ってもいいんじゃないか。ソンタグは僕たちにそう語りかけているのです。そして次は、みなさんが自分の頭で考え始める番ですよ。

（……『必修基礎演習ガイドブック』早稲田大学文学学術院、二〇一一年三月

モテない理由　エイドリアン・トミネ『欠点』

トミネのグラフィック・ノベルを読むたびに激しく心がかき乱される。例えば、好きな女性が他の男と寝ていたらどんな気持ちがするかとか、彼女がいるにもかかわらず以前あこがれていた女性に告白されたらどうするのかとか、精神の平安のために僕らができるだけ考えないようにしてきた主題ばかりをトミネが狙ってくるからだ。そして『欠点』における主題はこれである。国際恋愛市場において日本人男性はモテ得るのか。ああ。そんなこと正面から考えたら暗くなるに決まっているではないか。それでもトミネは追求の手を止めない。そして、そのあまりのホラーぶりに、否応なく最終ページまで読者は連れて行かれてしまう。

主人公である日系人のベン・タナカが、サンフランシスコにほど近いバークレーで開催されたアジア系映画祭でつまらない映画を見るところから物語は始まる。中国系の少女がフォーチュン・クッキーを作っている祖父と心を触れ合わせるという作品で、言ってみればエイミー・タンの百番煎じみたいなやつである。大学付属の映画館のマネージャーをしているベンは、当然ながら帰りの車の中で悪口を言いまくる。いわく、映画史的な記憶を完全に無視しているとか、政治的に正しいことと芸術的に高度であることとは無関係であるとかだ。日本でもちょっとした映画ファンの男なら誰でも言いそうな言葉である。しかし恋人であり映画祭の世話人でもあるミコはこう答える。でも私、今回の映画祭ではすごくがんばったのよ。それにあなた、そんなこと言って自分がアジア系であることを恥じているんでしょ。もちろんこれは完全な問題のすり替えだが、にもかかわらず図星でもある。実は、アジア系である自分はペニスが小さいせいで白人女性にモテないいんじゃないかと、人知れずベンは悩んでいたのだ。

ミコにエッチなDVDを見つけられるシーンは圧巻である。ちゃんと隠しておけよ、とも思うが、狭い家に同棲しているのだから仕方がない。問題はミコの責め方である。私が嫌なのは、出演してるのがみんな白人女性だってことなのよ、本当はこういう子と付き合いたいのに私で妥協してる、みたいな気がして悲しい。つまり彼女は「お前のオナニーは政治的に正しくない」と言っているのである。これは全男性の悪夢であろう。果たして、政治的な正しさをきちんと考慮した上でオナニーしている男が世界中に一人でもいるのだろうか。ベンも即座に土下座して謝ればいいものを、いやあ、ラテン系の子も出ているよ、なんて中途半端な言い訳をして事態をどんどん悪化させてしまう。

結局ミコはちょっと距離を取りたいのと言いだし、ニューヨークに向かう。一人残された寂しさもあって、ベンはパンクやバイセクシュアルの白人女性たちと付き合おうとするが、うまくはいかない。最終的にミコを追ってニューヨークに向かうが、実はベンともめていた時から彼女には白人の彼氏ができていたと知るだけだ。失意のベンはコンプレックスを募らせたまま、一人寂しくカリフォルニアに帰る。

このあまりにも救いのない作品を描いたエイドリアン・トミネとはどういう人物なのか。『ニューヨーカー』誌や『タイム』誌の表紙も手がけるほど有名なイラストレーターである。一方で高校時代にはグラフィック・ノベル作家としてデビューしており、一九七四年生まれという若さですでにジュノ・ディアスやジョナサン・レセムなど有名作家たちに高い評価を受けている。グラフィック・ノベルと言えば日本でも『マウス』のアート・スピーゲルマンが有名だが、トミネはその一世代下である。第二次世界大戦中、トミネの両親は日系人の強制収容所に送られ、母親のサツキ・イナはそのドキュメンタリーを撮って戦後有名となったが、トミネは母親とは違ったやり方で人種を扱っている。ジュノ・ディアスによればこうだ。「我々が『欲望』と呼ぶものを形作る上で、人種がどれほど巨大な影響力をこっそりと振るっているかということに、どれだけ我々は盲目であり、かつまた気付きすぎているのかを邪悪なまでにはっきりとトミネは表現している」。単に人種差別的な社会を告発するのなら話は簡単だ。しかしまた、自らの欲望までもがその差別的な社会の産物だとしたらどうだろう。そして、差別によって恋愛というもっとも個人的な関係すら破壊されていくとしたら。

人種問題に対する単純な告発というスタイルから逃れるために、トミネは徹底してステレオタイプを回避する。「たまたまアジア系に生まれついてはいても、よく商業的なメディアに出てくるようないわゆるアジア系という人物像とはまったく違った人々を生み出したかったんだ」（*The Believer* Interview）。主人公のベンはマイノリティでありながらものすごく嫌みな性格、かつペニスに関するジョークを真に受けるほどの浅薄ぶりで、およそ犠牲者には似つかわしくない。ベンの友達である韓国人アリス・キムは新入生の女性たちと次々寝るマッチョな大学院生だが、レズビアンの女性であるがゆえにベンほどは非難されない。むしろ最後には大学教授である憬れの女性と結ばれ、夢のニューヨーク生活まで手に入れる。興味深いのは『欠点』において、すべての欲望は本人の代わりに身近な他者によって成し遂げられるということだ。多くの白人女性と寝てみたい、ニューヨークで暮らしてみたいというベンの欲望はアリスによって実現され、かつまた実際に白人と付き合うのはベンではなく、彼の差別的な欲望をあれほど非難していたミコである。この欲望の移動がもっとも滑稽な形で見られるのが、ミコの新しい恋人レオン・クリストファーだ。なにしろ部屋中をアジア趣味の家具で飾っている彼は、ミコとの会話において一貫して日本語でしゃべるのである。それに対してミコは英語で答えるのみだ。しかも街角でベンに呼び止められると、レオンはカンフーの構えでベンを撃退にかかる。なんだそりゃ。アジアっぽいもの全部まざっちゃってるんですけど。だいたい、ちゃんと日本人としての誇りを持っている人なら白人でも誰でもかまわない、とでもミコは考えているのだろうか。ここまでくるとすべては実にシュールである。

日系人でよかったとベンが思うのはバイセクシュアルの女の子に手を握られ、こんなに柔らかい肌って初めて、と言われたときだけだ。そして『欠点』の文中には韓国語や日本語が混ざるが、その度にベンはコミュニケーションから疎外されてしまう。終いに彼は、レオンに「なに日本語でなんかしゃべってるんだ！」とキレる。オレゴン州で白人の中ただ一人の日系人として育ったベンは、脳内は白人、肉体はアジア人という気の毒な存在になってしまっている。だからアジアの伝統に開き直ることもできなければ、白人の仲間になりきることもできない。ベンを登場させることで、アジア系の人々はアジアの本質を所有しているはずだという常識にトミネは真っ向から挑んでいる。

だが、ミコとベンが愛し合っていない、というわけでもない。ミコが映画館に弁当を持ってきて、天ぷらが湿ってしまう前に食べてね、とベンに言うシーンは、唯一、二人の確かな愛を感じさせてくれる。だが、相手に愛され足りないという気持ちばかりが募って、気づけば二人は他の人々と肉体関係を結んでしまう。哀れと言えばこんなに哀れなことはないだろう。しかし愛の終わりなんてこんなもの、という点では、人種問題に留まらない射程を『欠点』は持っているとも言い得る。それにしても、小説に勝るとも劣らない面白さを持った『欠点』のようなグラフィック・ノベルが日本で翻訳され広く読まれるのはいつのことだろう。

Adrian Tomine. *Shortcomings*. Montreal: Drawn and Quarterly, 2007.

（『新潮』二〇〇八年七月）

自分の限界を他人に決めさせないこと

シャーマン・アレクシー『パートタイム・インディアンの完全に本当の日記』

マイノリティの文学と聞くとそれだけで敬遠してしまう人は多いはずだ。確かに僕もそうだった。犠牲者という絶対的に正しい立場から、悲惨な暮らしや差別、社会への怒りについてとうとうと語られても困ってしまう。でも、シャーマン・アレクシーの書いた『パートタイム・インディアンの完全に本当の日記』は違う。ただもう圧倒的に面白いのだ。

あまりの魅力に昨年の全米図書賞ヤングアダルト部門まで獲得してしまったこの本の主題とは何か。自分の限界を他人に決めさせないこと、である。どうせインディアンなんだからとか、どうせ女性だからとか、やる気を萎えさせる言葉でこの世界は満ちている。あるいはお前なんかにできるわけない、と周囲から言われて、知らず知らずにその言葉が体の中に入ってしまい、誰しもがんじがらめになっている。だが、本書の主人公であるアーノルドはある日、決意してその呪縛を断ち切るのだ。先祖代々住み慣れたスポーカン・インディアンの居留地から出て、二〇マイル離れたリアダンの中学に編入する。車でたった三十分の場所でも、心理的には大きな距離だ。白人ばかりの学校で彼はどう生き抜くのか。コミュニティを出て一人になることを描いたこの作品は、マイノリティの書いた反マイノリティ文学と言っていいかもしれない。

早くも二十七歳のとき名著『ローン・レンジャーとトント、天国で殴り合う』（一九九三）でセンセーションを巻き起こし、すでに押しも押されぬ作家となったアレクシーは、第二次大戦期も含めた一族の年代記を書いていた。しかし自分の高校時代の部分がどうしてもしっくりこない。四百枚ほどの原稿を取り除けておいたところ、ちょうどヤングアダルトものを頼まれていたことを思い出した。これだ！　とひらめいて小説化したのが本書である。もちろん主人公を漫画好きにしたり、多くのユーモアを盛り込んだりとさまざまな脚色はあるものの、もともとが自伝だったせいだろうか、細部が非常に生々しい。たとえばこのシーンだ。飼い犬のオスカーが病気になるが家には金がない。もう射殺するしかないと父親が銃を取る。アーノルドは強い怒りと憎しみを感じるが、父親も泣いているのを見て、それ以上怒り続けることができなくなる。「弾は一発二セントだから、誰にでも買える」。乾いた表現がたまらなく悲しい。

そして何より悲しいのが、インディアンなんだから、貧乏でバカなのは当たり前だとインディアン自体が思い込まされていることだ。「貧乏は嫌なもんだ。自分は貧乏で当然なんだと思うのは嫌なもんだ。貧乏なのは自分がバカで醜いからだと信じるようになる。バカで醜いのはインディアンだからと信じるようになる。そして、インディアンだから貧乏なのは運命なんだと信じるようになる。どうにも悪循環で、でもどうすることもできない」。確かに、居留地はアルコール中毒やそれに起因した死に満ちている。この本でも十四歳のアーノルドはたった一年で姉、祖母、叔父と三人の親類をアルコールがらみで亡くす。諦めること、飲んだくれること、早死にすることが居留地でのライフスタイルになってしまっているというのは決して誇張ではない。アーノルドは言う。「居留地はもともと刑務所なんだよ。インディアンたちは居留地に移住して死ぬことになってたんだ。おれたちは消滅することになってたんだよ」。

だがアーノルドは諦めることを拒否する。そして居留地から出て行くのだ。インディアンだからって自分を恥じることはない、と父親は言う。しかしその父親自身が、アルー中のインディアンである自分を恥じていることをアーノルドは知っている。単なる言葉では何も変わらないのだ。人種差別に満ちた、貧乏人に冷たいアメリカ社会を呪ったところで、貧乏人は貧乏のままである。それより自分から動いて世界を、そして自分を変えなければならない。大学時代に医者を諦め、アル中になりながらもフランツ・ファノンを読み、インディアンの作家であるレスリー・M・シルコウなどを目標にしながら自分を作り上げてきたアレクシーの体験が、ここにも投入されている。インディアン仲間から裏切り者扱いをされても新しい出会いに向かっていくこと。どんなに周囲に無視されても冷たくされても、自分のいる場所で一歩一歩信頼を勝ち取ること。勉強に明け暮れ、バスケット代表チームで経験を積むうちに、たった一年でアーノルドは飛躍的に成長する。

こう言うととにかく真面目な話に聞こえるが、そんなことはない。本書はピリッとした笑いに満ちている。たとえばアメリカ入植者がインディアンに助けてもらい冬を越せたことを祝うサンクスギビングについて、どうしてインディアンが祝わなきゃならないんだとアーノルドは父親に訊ねる。実はそのあと、恩人であるインディアンを入植者たちが虐殺したという歴史があるのだ。すると父親は答える。「やつらがインディアンをみな殺しにしなかったことを感謝しなきゃな」。そして親子は大笑いするのだ。アレクシーは言う。今まで会った中でいちばん面白いやつらはインディアンとユダヤ人だ。

「だから大量虐殺とユーモアには本質的なつながりがあるにちがいありません」(Interactive Reader Interview)。社会のもっともらしさに斜めから光を当てる力がインディアンとユダヤ人に共通する魅力である。確かに、アレクシーの記述はどんどんねじれていく。州のトップである居留地のバスケットチームとリアダンが戦い、アーノルドの活躍もあってリアダンが奇跡的に勝つ。喜んでくれているかとアーノルドが父親を見ると、彼はまったくの無表情である。そのときアーノルドは、インディアンの仲間を決定的に裏切ってしまったことに気がついて泣くのだ。だが彼はそのままがんばり続けるしかない。いったん出てきた以上、もう居留地には戻れないのだ。

最初は単に白人の集団としか見えていなかったリアダン中学の人々も、知り合ってみればそれぞれの事情を抱えていることにアーノルドは気づく。田舎町に住む白人の女の子だってインディアン同様、夢を奪われ、小さな幸せの中で生きることを強いられている。我々はみな、一種の居留地で育つものなのではないか。そして勇気を持って出て行かなくてはならないのではないか。アレクシーは言う。「何かに囚われているというのは普遍的なテーマなんです。〔……〕親に囚われ、こうあれというコミュニティの期待に囚われて。だからそうしたものを断ち切って出て行くことが、子どもたちにとっては大きなことなんですよ」(*USA Today* Interview)。

ジョン・アップダイクだってロリー・ムーアだってアメリカ北東部の白人という自分の部族のことを書いているに過ぎない、というアレクシーの認識は衝撃的である。こうした認識においてこそ、インディアン居留地というマイナーな世界を書くことがもっとも先端的である、という価値の転覆を彼は成し遂げられたのだった。チェコに住みドイツ語を話すユダヤ人、という窮極のマイナーな存在であるフランツ・カフカの革命性を論じたドゥルーズ＝ガタリ『カフカ』にも似た地点にアレクシーは到達している。複数の部族の間を移動しながら生き抜くこと、白人に強制された定住を拒んで、つねにノマドの民であること。アレクシーはありきたりのロマンチックなインディアン像とはまったく異なる、現代的な思考を本書で提出することに成功している。

Sherman Alexie. *The Absolutely True Story of a Part-Time Indian*. NY: Little Brown and Company, 2007. 邦訳『はみだしインディアンのホントにホントの物語』（さくまゆみこ訳、小学館、二〇一〇年）。

（『新潮』二〇〇八年九月）

名前をめぐる冒険

コルソン・ホワイトヘッド『エイペックスは傷隠す』

売れる名前というものがある。商品名を考えるのが専門の広告屋である主人公の自信作は「エイペックス」(最高という意味)だ。

早い話が新しいタイプの絆創膏で、肌色と言いながら正確には誰の肌とも違っていた旧来の製品を、二十種類の色目で売り出したものである。これなら黒人から白人まで、必ずや自分の肌にぴったりのものが見つかるだろう。まさにキャッチコピーどおり、「エイペックスは傷隠す」である。誤って爪先を強打し、血まで出てしまった主人公がまず手を伸ばしたのもエイペックスだった。黒人である彼にとって「茶色い絆創膏の色目は完璧で、まるで足の爪なんて最初から生えていなかったようだった。まるで彼もつまづいてなどいないようだった。エイペックスで傷が隠れたかだって？　まったくもってそのとおり」。しかし忙しさに紛れて医者に行くのを先延ばしにしていた彼は、数日後、信じられない光景を目撃する。傷口から黴菌が入って爪先が腐り始めていたのである。「もはやエイペックスは彼の肌の色には合っていなかった。爪先は奇妙な、腐った林檎の果肉のような赤と灰色に変わっていた。もしそんな色のエイペックスがあったとしても、地球上のどんな集団の肌にも合わなかっただろう」。そして彼は手術で爪先を切り落とすはめになる。自分が名づけて成功させた商品なのに、彼はいったいどこで間違えてしまったのだろう。

この肌の色をめぐる寓話を書いたコルソン・ホワイトヘッドはどういう人物なのだろう。若き黒人作家といえばこの人、というほどの大秀才である。一九六九年にマンハッタンで生まれた彼は、ハーヴァード大学卒業後、小説を発表し始め、『ジョン・ヘンリーの日々』では全米図書賞とピューリッツァー賞の候補となり、二〇〇二年にはマッカーサー助成金（天才助成金とも呼ばれる）を獲得、そして三冊目が本作である。少年時代、スティーヴン・キングの『シャイニング』や『スパイダーマン』『X－メン』などのコミックにはまっていた彼だが、作家としてはごく知的なスタイルのものを書いている。ベケットのような抽象性を持った文体で、元広告マンであるドン・デリーロにも似た消費社会批判の要素を持った作品を展開する。だが作品の雰囲気は、ポストモダン風でありながらマイノリティの闘争や人種といった次元をふんだんに盛りこむ、という具合である。現にインタビューでも、ホワイトヘッドはピンチョンやデリーロといった作家たちを高く評価している。

ただし同時に、黒人作家たちの中にも知的な流れは脈々と続いていると強調することも忘れない。「イシュメル・リードも書いていると思う——『マンボ・ジャンボ』や『カナダへの飛行』はそういった作品だ。黒人文学の中でリードは革新的な存在だけれども、そのことは見過ごされている。それから一九二〇年代に出たジーン・トゥーマーの『砂糖きび』だ。ハーレム・ルネサンスのね。そういう作品はずっとあるのに、主流の批評家たちや読者たちはそういった流れを見てないんだ」(Salon.com Interview)。知的な白人作家たちと、とにかくリアリズムで不幸を語るマイノリティ作家たち、という二項対立はそろそろ捨てたほうがいい、とホワイトヘッドは語っているようだ。確かに、ほとんどすべてのアメリカ人よりもインテリであるオバマが大統領になる時代なのだから。

『エイペックスは傷隠す』に戻ろう。実は本書の主題は絆創膏ではない。爪先を失ったおかげで人前に出るのもおっくうになってしまった主人公が職場復帰後、最初に請け負った仕事が彼を思わぬ場所に連れて行く、というのが物語の重要な部分である。名づけのプロとして彼は、ウィンスロップという街に呼ばれる。アメリカの西のほうにあり、IT長者や新たな住民が続々と押し寄せているという設定だから、もしかしたらカリフォルニア州のシリコンバレー辺りにある小さな街なのかもしれない。ともかくここで一大問題が持ち上がった。時代に合わせて街の名前を変更しようというのだが、評議会の三人がそれぞれ別のものを主張して一歩も譲らないのだ。ここは一つ、有名な彼に意見を聞こうじゃないか、というわけである。

街の名前と同じウィンスロップ・ホテルに泊まりながら、彼は二百ページにもわたって延々と悩み続ける。商品名を考えるときにはいつも一瞬で思いついたのに、これはどうしたことだろう。復帰後初めての仕事でまだ調子が出ていないという面もある。だがむしろ、資料を調べていくうちに、名づけるという行為の持つ別の側面に彼が気づいてしまったことが悩みのいちばんの理由だった。

対立する三つの意見を見てみよう。IT長者のラッキーはニュー・プロスペラ（「新繁栄」）にしたがっている。昔からの金持ちであるウィンスロップは先祖の名前を残したい。そして市長のレジーナは、ウィンスロップになる前の名、フリーダム（「自由」）に戻そうと言う。解放奴隷だったレジーナの先祖たちは、南部から果てしない距離を徒歩で横断してきてこの街を築いた。その彼らが付けた名前がフリーダムである。後からやって来た白人実業家であるウィンスロップの先祖は、有刺鉄線製造業でこの街を発展させたのだが、同時に街の名前を代えることで住民たちの背負った奴隷の歴史という傷を覆い隠した。まさに「ウィンスロップは傷隠す」である。主人公は悩む。今までおしゃれで売れる名前ばかり考えてきたが、実はウィンスロップの先祖と同じようなことばかりしてきたんじゃないか。そして臭い物には蓋をするような仕事をし続けた結果、自分の爪先まで失うことになったのだ。今自分がニュー・プロスペラに賛成でもしたら、過去に歴史の傷を隠したという事実すら隠すことになるだろう。だがフリーダムに戻しても、白人が増えた街の現実を反映してはいない。しかしもちろん、ウィンスロップに与することもできない。悩んだ彼はついに天啓を受ける。実は街の名前をフリーダムに決めるとき、もう一つ案があったことを突き止めるのだ。すなわち、ストラグル（「苦闘」）である。白人だろうが黒人だろうが、日々苦闘していない人間なんていない。そして後のことは住民に考えてもらおう。「彼らは言うだろう。自分は苦闘の中で生まれたんだ。自分は苦闘に住んでいる。あるいは、苦闘からやって来たんだ」。こうして、ストラグルという名前を暫定的に残して彼は街を去る。

唯一の武器であるセンスの良さをかなぐり捨てた彼は、もうこの仕事を続けることはできないだろう。だが代わりに彼が手に入れたものがある。すなわち、自分の名前を自分で付ける力である。テレビ番組『ルーツ』で主人公が「お前はトビーだ」と言われ「いや、クンタ・キンテだ」と言い返すシーンにヒントを得た、とホワイトヘッドは言う。自分で自分を名づけることで、お前は人間ではない、という他人の評価を拒絶する、といった元奴隷たちの英知がここにはある。あるいは、偽善的な多文化主義批判という面もあるだろう。白人ばかりの出演者たちの中にとりあえず黒人とアジア人を一人ずつ入れとけ、という例のあれである。もちろん白人ばかりよりはいい。だがそれに伴って歴史の忘却を強要されるのはうんざりだ、というのがホワイトヘッドの姿勢である。見ないことにしているものはいつしか腐り、うずいて、ついには表面に出てくるものだ。まるで爪先からにじみだす主人公の血のように。

知的な言葉で正面から歴史を見据えるマイノリティの作家、というのはいそうでいないものだ。こうした、従来の枠組みでは分類不可能な新しい書き手たちの動きに今後も注目していきたい。

Colson Whitehead, *Apex Hides the Hurt*. NY: Doubleday, 2006.

(『新潮』二〇〇九年六月)

壊れる二人　ケン・カルファス『この国特有の混乱』

ワールド・トレード・センターのツインタワーが崩壊する。主人公の一人であるジョイスは、同僚たちとその光景をながめている。悲鳴を上げる人々。ジョイスだけは違う。彼女はこみ上げてくる笑いをこらえているのだ。テロリストなのか。違う。離婚係争中の夫マーシャルの職場があの中にあるのだ。「彼の事務所は南棟の八十六階にあったのだが、たった今、地上から消えてしまった。ジョイスは顔の下半分を隠した。笑いをこらえようとしてずっと必死にがんばっているのを見られたくなかったのだ」。

だが夫は生きていた。子供を幼稚園まで送りに行ってセクシーな先生と話しこんでしまい、会社に一時間遅刻して、あわてて事務所までエレベーターで上っていく途中、飛行機が突っこんできたのだ。そして何とか自力で脱出したのである。そんなことを言えば妻も同じことだ。予定では、ハイジャックされツインタワーに突っこんだその飛行機に彼女は乗っていたはずだったのだから。一瞬、夫は妻の死を確信する。しかしそう簡単に劇的な別れはやってこない。憎み合う二人は二百ページ以上にわたって、別居すらできずに冷たい共同生活を営み続ける。

カルファスはなぜこんな不謹慎な作品を書いたのか。彼は言う。テロ事件の後、犠牲者たちに対する圧倒的な美化がメディアで行なわれた。そしてすべての人々が家庭を愛するヒーローとして書き換えられてしまったのである。「そんなふうな決まり文句に押しこめることで、我々は死者たちから人間性を奪い取り、一人一人違っていただろう何かとめんどくさかったはずの彼らの人生を消し去ってしまったと思います」(HarperCollins Interview)。だからこそ彼は、九・一一をテーマにしたお笑い小説を書いたのだ。もちろん巨大な感情に飲みこまれ正気を失ったあげく、自分たちの正義のために悲しみを世界へ輸出することになったアメリカ合衆国の頭を冷やすためにである。「我々を過ちへ導いていく信心深さや偽善に気づくには、ユーモアが必要なんです」。アメリカ合衆国の狂気を客観視し、辛辣な風刺を書くという彼の力は、長年にわたる外国生活から来たのではないかと思われる。

一九五四年にニューヨークで生まれた彼は、マンハッタンでタクシー運転手などをしながら作家を目指していた。彼の人生が激変したのは一九九一年のことである。ジャーナリストの妻に付き添う形で子育てをしながら、旧ユーゴスラビアやロシアに住むことになったのだ。とりわけ九四年から九八年のモスクワ在住が決定的で、そこから傑作短篇「Pu239」（一九九九）が生まれた。これは二〇〇七年にHBOで映画化されたほどの話題作で、核施設に勤める主人公が大量の放射線を浴びてしまい、自分の死後も家族が困らないようプルトニウムを盗み出してマフィアに売ろうとする、というハードボイルド風の作品である。これがきっかけになって初の著作が出版されたとき、カルファスはすでに四十四歳になっていた。そこからの快進撃はすさまじい。それまでに書きためた作品が相次いで本になり、ついには『この国特有の混乱』で二〇〇六年、全米図書賞の候補まで上り詰めたのだから。

彼の持ち味はボルヘスやカルヴィーノに影響を受けた幻想的な作品と、ロシア・東欧を舞台とした歴史物、という二系統の作品を描き得ることにある。そのどちらも興味深いのだが、九・一一は彼の目をアメリカ合衆国に向けさせることになった。なぜなら九・一一において過酷な歴史に晒されたアメリカは、ブッシュ前大統領の紡ぐ巨大な幻想に巻きこまれるまま戦争に突入したのだから。すなわち、『この国特有の混乱』ではじめてカルファスは自分の能力を最大限に発揮できる素材に行き着いたのだ。

憎み合いながら別れられず、狭いマンションに住み続ける夫婦は、アメリカ合衆国とその他の国々のメタファーになっている。同じ星にある以上、気にくわない国やその国民をアメリカが地球から気軽に追い出すことができないように、金のない二人は地価の高いニューヨークで別のマンションを買うこともできず、ずるずると同居するはめになる。「ジョイスはマーシャルを破滅させてしまいたかった。経済的にだけでなく人格的にもだ。そして今だけでなく永遠に」。だが、だからといって簡単に屈服させてしまうこともできない。どれだけ周到かつ執拗に相手を攻撃し続けても、その過程で自分の心身も同じくらい壊れるのは自明である。それでも家庭内戦争は続く。「敵の敵は友、敵の友は敵」という原始的な理屈に従い、ジョイスはマーシャルの友人を誘惑したあげく離婚させ、マーシャルはジョイスの妹夫婦の結婚式までも妨害する。

タルカムパウダーの挿話は圧巻だ。ジョイスの会社に炭疽菌らしい白い粉が入った封筒が送られてくる。結局はタルカムパウダーを使ったいたずらだとわかるのだが、テレビで見たその封筒の宛名の字がマーシャルのものにそっくりだとジョイスは気づく。FBIに通報した彼女は、ついにバスルームでタルカムパウダーを発見する。やっぱり自分の夫はテロリストだったんだ。そこにマーシャルがやってきて、用を足したいから早く出てくれと懇願する。彼に危害を加えられると確信したジョイスは、ドアを固く閉ざしたままFBIに連絡を取り続ける。ついに一時間ほど揉めたすえに、マーシャルは台所の流しで用を足すはめに陥るのだが、実はマーシャルはテロ事件のストレスで湿疹が出るようになっていた。タルカムパウダーはその症状を改善しようと使っていただけなのである。というように、コミュニケーションが断ち切られた家庭で、世界規模の陰謀と結びついた二人の妄想は限りなく広がっていく。

本書に出てくる人々はことごとく心が狭い。口では寛容なことを言いながら、特に生活面では猛烈な保守性を発揮して、自分とは異質な人々を排除にかかる。ジョイスの妹の結婚相手はユダヤ人なのだが、イスラエルの方針に合わない意見は反ユダヤ主義であると決めつけ、ジョイスの両親はユダヤの戒律や食生活におけるさまざまな決まりを恣意的でナンセンスだと言い放つ。そして新郎の両親と食べに行ったエチオピア料理には、どう食べていいかわからないからと手も付けない。身体的な不快感や拒絶反応に根ざした差別ほど乗り越えがたいものはなく、日常のレベルから変えていくには膨大なエネルギーが必要だ、と本書を通じてカルファスは語っているようだ。ここでもまた、アメリカの外を体で知るという彼の経験が存分に活用されている。

FBIでジョイス担当となったネイサンもおかしい。テロに関する膨大な情報を収集したあげく、どれが重要でどれがそうでないのか、どれが嘘でどれが本当なのかわからなくなってしまっている。あまりのプレッシャーに神経を病んだ彼は、誰彼かまわず国家機密を話して、ついには自分自身がアメリカの敵となる。

ようやく二人は離婚に成功するが、気付けばすっかり老けてしまっていた。「今や結婚後の人生という局面に立ち至った二人は、まだ四十前でありながら、疑問の余地もないほどはっきり中年になっていた」。

別れたからといって、特に二人が幸せになったわけでもない。協力する相手もいないまま、ただ孤独な日々を過ごしていくだけだ。ケン・カルファスだけでなく、フィリップ・ロスやドン・デリーロなど、意外なほど多くの優れた作家たちが九・一一について書いてきた。それらの中からやがて次のアメリカを作る思想が生み出されてくるものと信じたい。

Ken Kalfus. *A Disorder Peculiar to the Country*. NY: HarperCollins, 2006.

＊文中の短篇「Ｐｕ２３９」は拙訳で『すばる』二〇一三年十二月号に掲載された。

『新潮』二〇〇九年八月

双子の孤独　デビッド・マッズケリ『アステリオス・ポリプ』

マンハッタンのアパートに雷が落ちる。燃え上がっていく建物から、妻との思い出の詰まったスイスアーミーのナイフと父親からもらったライター、少しの金が入った財布だけを持って建築家アステリオス・ポリプは飛び出す。いまだ実作はないものの高名であり、コーネル大学でも教鞭を執っている彼は、何を思ったか姿を消してしまう。そして地下鉄で長距離バスの停車場に向かい、ありったけの金で一番遠くまでの切符を買うのだ。すなわち、公式には死んでしまうのである。

五十歳の誕生日に、一体なぜ彼はこんなことをするのか。この火事をきっかけに、彼は別れた妻とのあいだの、すでに死んでしまった愛をよみがえらせようと冥界めぐりの旅に出たのである。その名もアポジー（最遠地点）という名の西部の町で降り立ったアステリオスは、果たして妻を連れて生還できるのか。その問いは同時に、現代において愛することの意味を探求する旅にもなっている。

このグラフィック・ノベルの著者であるデビッド・マッズケリは、ポール・オースター好きには知られた存在だった。一九九四年に、オースター『ガラスの街』の見事なマンガ版（日本語版『シティ・オブ・グラス』講談社刊）を完成させたのだから。ポップかつ哲学的な、ほとんど視覚化不可能とも思える原作を、彼はポール・カラシックとのコラボレーションによってさまざまな仕掛けに満ちたマンガに仕上げている。だが、高い実力を持つ彼がどういう経歴の人物かまではあまり紹介されていない。

一九六〇年生まれの彼が、いわゆるアメコミの世界に飛びこんだのは八〇年代のことだった。ＤＣコミックやマーヴェル・コミックという業界を代表する会社を経めぐり頭角を現した彼は、『バットマン　イヤーワン』や『デアデヴィル』をかのフランク・ミラーと共作するまでになる。まさに彼は一つの頂点まで到達してしまったのだ。が、ここまで来て、彼は虚脱感に襲われる。「確かに僕はフランク・ミラーと一緒にコミックを作るところまで到達した。でも、あの世界にいて次にもっとすごいことができるかと考えて疑問を感じてしまったんだ」（*The Comic Journal* Interview）。成功は手にしたものの、そもそも自分がやりたかったことは何だろうと彼は悩む。「もともと自分はアートの世界で何がやりたかったのか、その根っこのところまで戻ってみたいと思った。締め切りのプレッシャーに追われたり、特定の読者のことを考えたりせずにね。だから自分のためだけに絵を描き始めた。静物画や水彩画なんかをさ」(*Raw Profile*)。そしてメインストリーム・コミックの世界を離れ、『ラバー・ブランケット』というマンガ誌を自費で三号刊行する。全米屈指の美大であるロードアイランド・デザイン学校の講師になり、散発的にアート・スピーゲルマン(ホロコーストを描いた『マウス』の著者)の雑誌『リトル・リット』などに短篇作品を載せたりして二十年ほどが過ぎる。知られざる天才と言ってもいいだろう彼が五十歳を目の前に、十年の月日を投入して書き上げた初のオリジナル長篇がこの傑作『アステリオス・ポリプ』なのである。

本書は色によって二つに分割される。黄色を基調としたアポジーでの世界には、アステリオスの夢を通して彼の分身、イグナツィオも登場する。なんとイグナツィオは出産時に死んだアステリオスの双子の兄弟であり、かつ不在の存在としてアステリオスとずっと一緒に過ごしてきた、この物語の語り手でもあるのだ。そして紫で描かれたアステリオスの元妻、花《ハナ》との出会いと別れという回想シーンが挟まる。国際的な名声に恵まれたアステリオスはやがて、日本人の母親とアメリカ人の父親を持つ彫刻家、花の虜になる。やがて結ばれた二人だが、自分の頭の中にある理屈だけに従い、他人の話はいっさい聞かない傲慢なアステリオスと、仏教徒であり自然や動物を愛する花とはことごとくすれ違う。花の話をさえぎって自分の論を押しつけ、花の共同制作者をこき下ろすアステリオスに業を煮やした彼女は、こう言い放つ。「どうしていつも私が間違っていると決めつけるの？」。

それでも愚かなアステリオスの目は開かない。二人の心が通じ合っているあいだ世界は紫色で描かれるものの、離れるにつれて二色に分離し、アステリオスは青の直線的なロボットに、花は赤い曲線的な生き物に変異する。すなわち、印刷の色ずれがそのまま二人の心の距離になっているのだ。その他にもすべての人々の台詞が人格に合った別々のフォントで書かれていたり、マンハッタンからコーネル大学までの地図がそのまま、花が自動車の助手席で続けた編み物に変容したりと、本書ではマンガと小説の融合であるグラフィック・ノベルというメディアの特質が存分に生かされている。

日本へのこだわりも本書の大きな特徴だろう。花が日本の血を引いているというのはもちろんだが、定期的に建て替えられる伊勢神宮がアステリオスの設計する強固なモダニズム建築の対極として作品中で言及されることからも、マッズケリが日本に並々ならぬ関心を抱いていることがよくわかる。実際、彼は『リトル・リット』誌に浦島太郎のグラフィック・ノベルを描いているし、助成金を得て半年ほど日本に滞在もしていたようだ。つまり、オルフェウスの冥界めぐりとともに、浦島太郎の竜宮城めぐりもこの物語の下敷きになっているのである。傲慢な白人男性が女性の心を理解できるのかという問いはそのまま、西洋は東洋を理解できるのかという問いに横滑りしていく。ただしアステリオスが実際に向かうのは荒野としての西部なのだが。

黄色で描かれた世界で、一文無しのアステリオスは自動車修理工場に住みこみ働くことになる。そこで実際に手を動かして車を直し、ネイティヴ・アメリカンの女性に人生を学び、実際にソーラーカーまで組み立てる。工場主の息子のために板を使って木の上に小屋を建ててやったアステリオスは言う。「人生で初めて家を建てたよ」。アステリオスの前半生を知らない周囲の人々にはこの言葉の重みはわからないが、読者には確実に届く。厳密なシンメトリーにこだわり、各種の賞を獲ったアステリオスの建築はついに人の心を動かさず、したがって実現することもなかった。だが工場主と作った木の小屋には息子への想いが詰まっているのだ。そんなふうにして一歩ずつアステリオスは、他者への想像力を獲得していく。

五十を過ぎても学ぶことはできる、そして新たな人生を手に入れられるという設定がいい。また、アジアとヨーロッパを繋ぐ場所としての神話性をアメリカの西部が持ち合わせているということもよくわかる。後にアステリオスは暴漢に襲われて片目を失うものの、そのころには彼の視野はむしろ大きく広がっている。

ソーラーカーに乗ってアポジーの町を旅立ったアステリオスは果たして紫の世界と黄色の世界の境界を突破できるのか。これは読んでのお楽しみだ。

David Mazzucchelli. *Asterios Polyp*. NY: Pantheon Books, 2009.

(『新潮』二〇一〇年一月)

夢の本、夢の都市

ミハル・アイヴァス『もう一つの街』

ランダムハウスなどの大出版社が完全に支配していると思われがちなアメリカ文学業界だが、意外と小さいところもがんばっている。ちょっと前ではチャールズ・ブコウスキーを発掘したブラック・スパロウ・プレスなんか、西海岸の文学に大きな足跡を残したし、最近ではカレン・テイ・ヤマシタやブライアン・エヴンソンの本を出しているコーヒー・ハウス・プレス、あるいは幻想的な作風で知られるケリー・リンクが自分でやってしまっているスモール・ビア・プレスなども面白い。なかでも異彩を放っているのが、今回紹介するドーキー・アーカイヴズ・プレスだ。

この出版社、なんと名前をフラン・オブライエンの『ドーキー古文書』からそのままいただいている。しかも出している作品がすごい。なにしろ、世界各国の玄人好みの作家たちがぞろぞろいるのだ。小島信夫の『抱擁家族』からマヌエル・プイグ『ブエノスアイレス事件』までとやたら幅広い。なかでも力を入れているのが南米や東欧の文学で、名前も聞いたことがないような作家がずらりと揃っている。今回紹介するチェコの作家、ミハル・アイヴァスもその一人だ。

彼の作風を一言で言えば、ボルヘスとカフカを足してフランスのヌーヴォーロマンを掛け合わせた、といったところだろうか。たとえばボルヘスの名短篇「砂の本」へのオマージュでもある『もう一つの街』はこんな話だ。——主人公の男がある日、背表紙にまったく何も書いていない本を古本屋で見つける。開いてみれば文字が七十六種類あるアルファベットで書かれていて、どこの国のものかもわからない。どうしても気になって家に持って帰ると、文字が輝き始める。「目を開いて暗闇をじっと見ていると、開いた本の上でかすかな緑色の光がちらちらと揺れているのがわかった。立ち上がって机まで行ってみた。本の文字がぼんやり光っていた。そのわずかな光に照らされて、窓の外で軒蛇腹に降り積もっている雪も緑色に輝いていた」。調べていくうちに、なんとこの本はプラハの街の向こう側にあるもう一つの街のものだとわかる。そこから主人公の冒険が始まるのだ。

一九四九年生まれのアイヴァスは、チェコ最高の文学賞であるヤロスラフ・サイフェルト賞を二〇〇五年に受賞したチェコ現代文学の重鎮である。ただしデビューは遅く、四十歳になってから、共産主義が終わり言論の自由がやってきたあとのことだった。それには理由がある。アヴァンギャルドな作品はそれまでまったく出版できなかったのだ。「私は想像力に基づいた、超現実的な散文を書いていました。そしてこうした種類の文学作品は、ヴェルヴェット革命以前のチェコスロヴァキアでは出版を許されなかったのです。だから書いたものはすべて書き物机の引き出しにしまいこんでいました」(*Omnivoracious* Interview)。

しかも、彼の父親はロシアからやってきたクリミア・カライム人の化学者で、ロシア文学の翻訳にも携わっていた。クリミア・カライム人というのはクリミア地方に住むチュルク系民族であり、しかもユダヤ教を信仰している起源不明の人々のことである。ドイツ語で書くチェコのユダヤ人というカフカにも劣らぬマイノリティであるアイヴァスは、さまざまな作家たちから影響を受け続けた。ホフマン、ロートレアモン、ルイス・キャロル、マンディアルグ、プルースト、ナボコフなどだ。一方、チャンドラーなどのミステリー作家やSF作家もよく読んだとインタビューでは語っている。こうした読書体験から彼の、超現実的でありながら冒険活劇のように楽しんで読めるという特異な作風が生まれたのだろう。カレル大学で哲学や美学の教育を受けたアイヴァスは、哲学者としても知られている。そして翻訳者としても、レイモン・ルーセル、ジル・ドゥルーズ、ピエール・クロソウスキーなど多岐にわたる著作を訳しているのだ。なんと、ボルヘス論だけで一冊まとめているらしい。

自身の作品はいつも感覚から始まる、とアイヴァスは言う。「いつもはじめには何らかの感覚があるだけです。どこか特定の場所と結びついていることが多いのですがね――たとえば『もう一つの街』は雪に覆われたポホジェレツで私が感じたものから生まれました〔……〕。こうした感覚から白い霧が立ち上るのです。その中で形のはっきりしないものや一つ一つの物語が揺らめいています。それらのものや物語が、霧から解放してくれ、形を与えてくれと私にせがむのです」(*Prague Writer's Festival* Interview)。

この感覚はそのまま『もう一つの街』でも生かされている。なにしろもう一つの街は、本棚のすぐ向こう、部屋の暗い隅から始まっているのだから。「我々の住む世界の縁は遠くにあるのではない。地平線の向こうやすごく深い場所にあるわけではないのだ。それは近くでぼんやり輝いている。我々のすぐ周りを満たす薄明かりの中にある。視野の端で我々はいつも別の世界をちらちら見ているのだが気づかない」。

若き日に別の世界を体験した図書館員は言う。ある部屋で昔、同じ文字が書かれた本を見つけたことがある。「すぐに文字が奇妙な変化を遂げ始めました。線のなかで流れのようなものが脈打ちはじめ、だんだんと強くなっていったのです。赤熱した石炭が定期的に風に吹かれるように、文字に灯がともっては消えました。灯がともるたびに私はおかしな喜びを感じ、それが強烈になっていきます。脈動はどんどん速くなり、それからいきなりすべてが消え去りました。本のページ上に並んだ文字は、気味の悪い死んだ甲虫のようになり、喜びは嫌悪と恐怖に変わりました。低い轟きが聞こえてきました。窓の外を見ると津波がやってきていたのです。高さは半マイルぐらいでしょうか。ペトシーンの丘の向こうからです。津波はゆっくりと近づいてきました。ペトシーンの斜面で砕けて、物見やぐらをなぎ倒しました。私は目を閉じて、恐ろしい波に飲み込まれるのを待ちました。轟きはどんどんと大きくなっていきましたが、急にぱったりと静かになりました。目を開けてみると、手を伸ばせば届くところ、窓の向こうに水の暗い壁がそびえていました。私は窓から手を伸ばし、冷たい水に指を差し入れました。〔……〕大きな黒い魚が水の壁から顔を出し、長いことしゃがれ声で笑い続けたあと、馬鹿にするようなしゃべり方で話し始めました」。

主人公は打ち捨てられた筒の中、カフェの隅などにもう一つの都市への入り口を次々と見つけ、二つの都市を往還する。「中心を探せば遠ざかる。探すのをやめて忘れてしまえば、ずっと中心にいたことに気づく」と言われた都市の宮殿を目指すべく、半人半鮫などと戦いながら、ついに図書館の地下に広がる、本と植物と動物が混在した広大なジャングルを鉈で切り開き旅をするのだ。

こうした強烈な幻視力に恵まれた作品を英語で読みつつ、現代のアメリカ作家たちも創作しているのだろう。南米から東欧を経て北米にやってきたこのような作品も、ある意味ではアメリカ文学であるに違いない。

Michal Ajvaz. *The Other City*. Champaign: Dalkey Archives Press, 2009. 邦訳『もうひとつの街』(阿部賢一訳、河出書房新社、二〇一三年)。

『新潮』二〇一〇年十二月

黄色いシボレーと蛇たち

オラシオ・カステジャーノス・モヤ『蛇と踊る』

ある日、住宅街に黄色いシボレーが停まる。鉄くず寸前の代物で、窓のほとんどは段ボールで隠されている。誰が乗っているんだろうか。そのまま数週間が経ち、住民が騒ぎ始める。いちばん積極的に動いたのはエドゥアルドだ。失業中の若者である彼は、車から出てきた男に付きまとい、あるときは脅し、あるときは味方のふりをして話を聞きだす。男の名前はハシント・ブスティージョ、浮浪者同然の彼は、なんと三年前まで会計士をしていたらしい。やがて喧嘩でブスティージョが他の浮浪者を殺したところに出くわしたエドゥアルドは、ナイフでブスティージョの喉を搔き切り、そのままシボレーに乗り込み、まんまと彼に成り代わる。

だが、エドゥアルドも予測していない事態が起こる。車内には猛毒を持つ四匹の蛇も住んでいたのだ。しかも彼女たちは人間の言葉で話しかけてくる。怯んだら殺される。エドゥアルドはなんとか彼女たちの好意を引き出すことに成功し、仲間に入れてもらう。蛇たちの語るところでは、ブスティージョは秘書と浮気をしていたらしい。ところが彼女は夫である麻薬捜査官に裏切りを発見されて殺され、ブスティージョも金持ちの妻に家を追い出された。蛇とエドゥアルドたちは奇妙な復讐の旅に出る。ブスティージョの妻を殺し、麻薬捜査官たちを殺し、逃走中に出くわした次期大統領候補を殺すのだ。

警察やマスコミはパラノイアとなり、状況を説明しようと次々と仮説を繰り出す。恨みによる反抗だ。いや、テロリストによる国家転覆の試みだ。次々と変わる状況に彼らはまったく対処できない。大統領すら恐怖に支配されてしまい、あわててヘリコプターで官邸から逃げ出す。一方、エドゥアルドは自分の行動が新聞の一面を飾ったことに狂喜し、わざわざ新聞社に自分から電話をかける。これが命取りだった。逆探知され、町外れの廃物処理場に潜んでいるところを警察に発見されてしまう。爆弾と火炎放射器の猛攻により、シボレーと蛇たちは廃物処理場とともに一瞬で焼き尽くされる。しかし命からがら逃げ出したエドゥアルドは再び元の自分に戻り、何食わぬ顔で日常生活を続ける。

なぜこれほどまでに暴力的なのか。長篇『崩壊』（現代企画室刊）にも通じるこうした感覚はもちろん、ホンジュラス生まれのエルサルバドル育ち、というモヤの経歴にも関連している。八〇年代の内戦の状況を彼は語る。「首都での戦争は激しかった。今のバグダッドみたいに。毎日戦闘が続き、多くの人が殺され、爆弾が炸裂し、ヘリコプターが上空を巡回していた」（*Quarterly Conversation* Interview）。まさに『蛇と踊る』の世界そのままだ。

一九五七年に生まれた彼は、七九年にカナダに逃れてから何回かの帰国を挟んでコスタリカ、メキシコ、スペイン、そして日本と世界を転々としてきた。現在はピッツバーグ大学で創作を教えている。なぜ彼はアメリカ合衆国にいるのか。一九九七年に出版した小説『吐き気——エルサルバドルのトーマス・ベルンハルト』でエルサルバドルの左右両翼をこっぴどく批判した彼は、当時の政府から、このまま国に留まっていれば殺す、という脅迫を受けたのだ。「エルサルバドルを離れて多くの国を経験してきたせいで、故郷という感覚を失ってしまいました。エルサルバドルに戻っても、もはや故郷ではありませんね。恐怖を感じるだろうし、もっと悪いことに、今はもうなくなってしまった街や社会を思い出してしまうでしょう」（Americancity.org Interview）。だが彼は外国でエルサルバドルについて書き続ける。

『蛇と踊る』を彼は一九九五年にメキシコシティで、ほんの二、三週間で執筆したという。「あの小説は何かに突き動かされるように書きました。まるで物語が、すでに頭の中のハードディスクに記録されていたようにね」(*Bookslut* Interview)。そのとき彼を駆り立てていたものはなんだったのか。エルサルバドルの現状に関する怒りか、資金や軍事援助を通じて中米で好き勝手に振る舞うアメリカ合衆国への嫌悪か、あるいは暴力や性への、もっと原初的な衝動なのか。主人公は「自分自身から逃れようとしているのです」(Sampsoniaway.org Interview) と、モヤは語る。

確かに、大学で社会学を専攻しながら仕事に恵まれず、アメリカ合衆国にいる姉からの仕送りで細々と生きるエドゥアルドの変身願望が、ここまでの破壊を引き起こしたのかもしれない。作中でエドゥアルドは言う。「おれは五分間動かずにいた。まるで自分がドン・ハシントであるように感じていた。まるで骨の色をした柄のポケットナイフは医療用のメスで、おれはそれで大きく切開し、そこからおれの生きたかった世界に自分を挿入していくように感じた」。

本作の源の一つは、冒頭にも引用されているポール・ボウルズの短篇「アラル」だ。孤児のアラルは社会から爪弾きにされているが、ある日、蛇使いの連れてきた美しいコブラに魅せられる。アラルはコブラを盗み、可愛がるうちにコブラと入れ代わってしまう。自分をいじめた村人たちを噛みながらアラルは強烈な陶酔感を覚える。そして『蛇と踊る』では舞台をエルサルバドルに置き換えながら、疎外や蛇との交流という主題をうまく変奏している。

エドゥアルドは蛇たちと話しながら、ほとんど彼女たちの意思に従うように行動している。だからこそ麻薬捜査官たちの死より蛇のバレンティナの死を悼み、右往左往する社会を見下す。なにしろ、「蛇は何をしても裁判にはかけられない」のだから。人間界の外に出てしまったエドゥアルドもまた無敵の存在だ。しかし彼の力の幻想も長くは続かない。蛇たちを失った彼は叫ぶ。「おれを見捨てないでくれ。かわいこちゃんたちよ。お前たちがいなかったらおれはどうすればいいんだ。どこへ行ったんだよ?」。

だが、いくら主人公が蛇としゃべるからといって、すぐにマジックリアリズムだと呼ばれるのは心外だ、とモヤは述べている。「マジックリアリズムについて言えば、私と同世代のラテンアメリカの作家たちはマジックリアリズムより、アメリカ合衆国の作家たちにはるかに近いと思うんです。世界のとらえ方も主題の選び方もね。ガルシア=マルケスの描く宇宙や世界は、私にとってはアフリカやペルシャみたいなもんです。マコンドより、ロサンゼルスや他のアメリカの都市について書かれた文学の方がずっと身近なんですよ」(*Guernica* Interview)。

この発言を見ても、モヤが非常にいらだっていることがよくわかる。確かに、ロベルト・ボラーニョなどの作品を読んでもマジックリアリズムとはまったく違う。われわれもラテンアメリカ文学ブームの時に身につけた認識をいったん捨て、南北アメリカ文学というより大きな枠組みで捉えなおす必要があるのだろう。

Horacio Castellanos Moya, *Dance with Snakes*. Trans. Paula Springer. Emeryville, Canada: Biblioasis, 2009.

『新潮』二〇一一年五月

時計としての身体　ポール・ハーディング『修繕屋』

つねに沈黙が中心にある。それはこの物語が一人の男の死をめぐっているからだ。ジョージ・ワシントン・クロスビーという名の老人が、死の八日前から徐々に時間を失っていく。「死の九十六時間前、ジョージは脱水症状を起こした」といった記述が続き、二百ページ弱の書物全体を通じて彼は確実に死に近づく。パーキンソン病になり、糖尿病になり、癌になった彼はベッドに横たわったまま幻覚を見る。人生の場面が次々と去来する。

彼は高校教師を長く続け、退職後はアンティークの時計を買ってきて修理し、販売するという仕事に携わってきた。古い時計のカチカチという音に満たされていたはずの家も、今では静まり返っている。「当惑するように静かなのは、すべての時計のゼンマイが誰にも巻かれずほどけてしまったからだと気がついて、今横たわっているこのベッドで死ぬんだということを彼は理解した」。作品の中で、ジョージ自身の命もまたほどけていく。精密に死までの時間がカウントされる彼もまた一つの機械なのか。そうではない。彼にはどうしても忘れることのできない過去があるのだ。

十二歳の頃、父親のハワードが自分と母親を捨てて失踪した。メイン州の田舎を回って鍋釜を修理し、小物を売るという商売をしていたハワードだが、発作を伴う脳の病気で苦しんでいた。そのことに耐えられなくなった妻は彼を病院に入れようとする。それを知ったハワードは裏切られたと感じて、突然姿を消したのだ。息子のジョージは深く傷ついたが、誰も何が起こったかを説明してくれない。彼は父親の痕跡を捜して森をさまよい、幻覚を見る。実はハワードの父親もまた心を病み、牧師の職を辞して息子の前から姿を消したのだった。沈黙は次の沈黙を生む。機械にのめり込み、自分もまた機械であると感じるようになったジョージは、家族を何代も貫いているこの沈黙の寂しさに耐えられなかったのだろうか。

非常に密度の高い詩的な言語で綴られ、幻想と現実の境界で展開する『修繕屋』だが、実は著者であるポール・ハーディングの家族の物語をかなり正確に反映している。

一九六七年に生まれ、大学時代の仲間とコールド・ウォーター・フラットというバンドを組み、一時はプロのミュージシャンとして活躍した彼だが、結局選んだのは作家として書き続けることだった。マリリン・ロビンソンの指導の下、アイオワ大学で修士をとり、デビュー作としてまとめたのがこの『修繕屋』である。小さな出版社から出した第一作でいきなりピューリッツァー賞獲得、というのは尋常なことではない。

モデルとなったのは祖父だった。「僕の祖父は実際に、アンティークの時計を修理して売っていたんです。何年間か彼の弟子としていろいろと教わりました。何時間も時計をいじくり回して、なんとか直そうとしたものですよ」(OpenLoopPress.org Interview)。祖父は時計に関する本も膨大にコレクションしていた。それらを読んだことが、時計と物語の融合というハーディングのアイディアの源泉となったに違いない。

実はこの祖父の父親、すなわちハーディングの曾祖父は脳を病んで、祖父が十二歳のときに失踪していた。ならば『修繕屋』は単なる事実の記録なのか。違う、とハーディングは言う。父親の失踪に関して話すことを頑《かたく》なに拒絶したまま祖父母は亡くなってしまった。そこに存在するとわかっていながら、永遠に欠落してしまった家族の物語という沈黙を埋められるのは、彼にとって幻想しかなかったのだ。

中南米文学を読んだことが彼に扉を開いてくれた。「ガルシア=マルケスが大好きです。コルタサルなんかが大好きなんです。今でも覚えているんですけど、カルロス・フエンテスの『我らが大地』を読んでいて、『こういうのが書きたい』と思わずつぶやきました」(同上)。貧しいニューイングランドの家族の物語を幻想的に書き直すこと。しかしそれは真実から離れることとは違う、とハーディングは言う。「僕は家族の物語を伝説に変えました。神話に変えました。想像力を駆使して書きましたが、実際にあった出来事と同じくらい、この作品は真実であると思っています。僕は想像力を使って、物事の魂に入りこもうとしたのです」(*Bookslut Interview*)。時間と空間を隔てて、決して取り戻すことのできない、だが自分にとってこの上なく重要な過去を再構築する、そしてそれを内側から追体験するというのは、現代における文学の大切な役割なのかもしれない。

作品全体は厳密な時間の論理に沿いながらも、幻覚として去来する過去が渦巻き状に何度も行きつ戻りつする、という『修繕屋』の構造は、ハーディングの書き方から必然的にもたらされたものだった。「ノートやコンピュータや本屋のレシートの裏やなんかに書き散らしていたので、全部をいったん印刷して、文字通りはさみとテープとホチキスを手にとり、全部を切り刻みました。まるでパズルでしたよ。居間の床にすべて並べて、小説全体を整理しました。そうしたら年代順にまとめられるとわかって、それでうまくいったんです」(OpenLoopPress.org Interview)。詩的な散文に突然十八世紀の、これも実はハーディングが創作した時計修理指南書が挿入され、ジョージの物語とハワードの物語が何度も交錯する、という複雑な作りは、すべてこの原始的な編集の賜物なのだ。

本書に登場する沈黙は決して寂しいものだけではない。ハワードと森の隠者ギルバートとの交流は温かい。森の中ではどうしても手に入らない針や糸をハワードが持っていくと、ギルバートは毛皮と交換してくれる。年に一度の邂逅で、はじめの数年は二言三言ことばを交わしていたが、「いったん買い物リストが正され、ついに変更がなくなると、二人はもはや何もしゃべらなかった。七年のあいだ、どちらも一言もことばを発しなかった」。それでは何をしていたのか。ただ黙って、二人でタバコをくゆらせていたのである。「ハワードはこの時以外はタバコを吸わなかった。一年に一度のこの一服のためにだけ、彼はパイプを持ち歩いていた。ギルバートはハワードのパイプにタバコを詰め、自分のパイプに詰めた（ギルバートのパイプは美しかった――赤黒い木の瘤を削って作ったものので、遠い昔、司祭の机の上にある真鍮の台に置かれていたものではないか、とハワードは想像していた）。そして二人は黙ってタバコを吸い、川の水が流れるのを眺めていた」。

何も言わないまま同じ快楽に身を委ねる。こうした身体の共振から生まれた強い友情ゆえだろうか。ハワードは死を目前にしたギルバートから、やがて一番の宝物を託される。包みを開けたハワードが見つけたのは、ギルバートの大学時代の同級生であるナサニエル・ホーソンが書いた『緋文字』のサイン入り初版本だった。時間を隔てて、人々の想いが繋がっていく。

語らないこと、沈黙することの価値に詩的な言語で迫っていく『修繕屋』が高い評価を得たという事実に、僕は現代アメリカ文学の幅と力を感じる。

Paul Harding, *Tinkers*. New York: Bellvue Literary Press, 2009. 邦訳『ティンカーズ』(小竹由美子訳、白水社、二〇一二年)。

(『新潮』二〇一一年七月)

トウェインの新しさ　『トム・ソーヤーの冒険』

マーク・トウェインと言えば、アメリカで最も有名、かつ最も愛されている作家と言ってもいいのではないか。かのノーベル賞作家アーネスト・ヘミングウェイは一九三五年、『アフリカの緑の丘』の中でこう述べている。「すべての現代アメリカ文学はたった一冊の本から生まれた。マーク・トウェインの『ハックルベリー・フィンの冒険』だ」。トウェインは、ちょうど日本で譬えれば夏目漱石や森鷗外など、明治の文豪を何人か足したような存在と言ってもいい。ただし、作品の趣は日米でかなり違う。『坊ちゃん』や『我が輩は猫である』は大人の社会の矛盾をユーモラスに描いているが、『トム・ソーヤーの冒険』や『ハックルベリー・フィンの冒険』はあくまで少年たちの物語だ。どうしてこうした作品が現代アメリカ文学の父とまでなっているのか。そこには国柄の違いや、文学のあり方の違いが現れている。そこを考える前に、まずはトウェインの人生を見てみよう。

マーク・トウェインとは奇妙な名前である。なにしろ「水深十二フィート」という意味なのだから。換算すれば約三メートル半である。実はこれ、蒸気船がこの水深までは安全に航行できる、という船舶用語なのだ。サミュエル・クレメンスがこの名前を採用したのには深い意味があるに違いない。もちろん、彼がミシシッピ河の水先案内人をしていたころの思い出もあったろう。と同時に、ここから先は危険、というぎりぎりのところを書くという決意でもあったのかもしれない。実際に子ども向けの作品でさえ彼は、今も論争の的である人種問題や宗教問題にどんどんと踏み込んでいく。

トウェインは一八三五年、ミズーリ州フロリダに生まれた。そのあと父親の商売がうまくいかずに四年後、ミシシッピ河に面したハンニバルという町に移る。ここが『トム・ソーヤーの冒険』や『ハックルベリー・フィンの冒険』の舞台となった。当時のハンニバルは光と影の二面性を帯びていた。トウェイン自身は河岸で遊び、黒人たちの歌に聞きほれるなど牧歌的な少年時代を楽しんだが、大人たちの世界は過酷だった。黒人は奴隷として下流の深南部に送られ、コレラや小児麻痺などの疫病が何度も町を襲い、暴力的な殺人事件も起こった。彼の作品に隠された暗さの源はここらへんにあるのだろう。

トウェインが十二歳のとき父親が肺炎で死ぬ。そして彼は若くして一家を支えることになった。印刷工として働いたり、兄の新聞に記事を書いたりしたあと、二十二歳でミシシッピ河の水先案内人となる。船上で彼はおしゃべりの技術を磨く一方、流域に住む人々や乗客をじっくりと観察した。産業化が進んだ北部とプランテーション農業の盛んな南部を両方とも見たことが、彼の世界を大いに拡げた。彼は多様な社会を移動することで、どこの常識も額面通りに取らない力を身につけたのである。

一八六一年、南北戦争勃発とともに商業的な船はミシシッピ河を通航できなくなり、トウェインは水先案内人をやめてしまう。西部に移った彼はゴールドラッシュの波に乗り、金銀を探して一攫千金を夢みたが、望みはかなわなかった。代わりに彼が見出したのはジャーナリストとしての自分だった。一八六七年にはヨーロッパに旅行し、旅行記を書いてベストセラーとなる。次いで一八七〇年には東部の令嬢と結婚、上流階級の一員となる。西から東へ、貧困から金持ちへと、彼はまたもや大きく移動したのだ。

一八七六年には『トム・ソーヤーの冒険』、一八八四年に『ハックルベリー・フィンの冒険』を刊行し、その他の著作ともあいまって、トウェインはアメリカの国民的作家の地位を着々と手に入れる。だが幸福は続かなかった。経営していた出版社が倒産、身内の不幸も続き、晩年は暗い厭世観に苦しむ。一九一〇年に死去。遺体はニューヨーク州エルマイラに葬られた。

さて、トウェインは『トム・ソーヤーの冒険』をどうやって書いたのか。一八七二年に書き始めたとき、彼はこれが大人向けになるか子ども向けになるかを決めずに書き始めたらしい。しかも当初の計画では、なんとトムの中年時代までを扱う予定だった。自分が以前に書いた短篇や下書きをもとにして彼は本書を完成させた。トウェインは物語が流れるままに書きつらね、ようやくできあがる段になって、一八四〇年代における春から夏にかけてのトム少年の物語という枠が固まった。

舞台であるセント・ピーターズバーグが、トウェインの故郷ハンニバルをモデルにしていることは明らかである。それだけではない。ダグラス夫人の住む丘、トムやベッキーの家、二人が迷う洞窟、トムがハックやジョーと向かうジャクソン島もちゃんとモデルが存在する。登場人物もそうだ。シッドはトウェインの弟のヘンリー、ポリーおばさんはトウェインの母親、ハックはトム・ブラッケンシップという少年をもとにしている。ハックの本名がトムだったなんて！　すなわち『トム・ソーヤーの冒険』はトウェインの半自伝的小説なのだ。

彼の自伝を読むと興味深い。糸の色が違うと弟が指摘した話、いつもトウェインがフェンスを飛び越えていた話、猫に鎮痛剤を飲ませた話など、いずれもが実話だと彼は告白している。トウェイン自身が洞窟で迷ったこともあった。しかもインジャン・ジョーさえ実在の人物である。ただし本物のジョーは極悪人ではなく、ただ町をぶらぶらしている酔っぱらいだった。トウェインは言う。「『トム・ソーヤー』で私は洞窟の中でジョーを飢えで死なせてしまった。でもそれは冒険小説の要求に答えただけだったと思う」。本物のジョーもまた洞窟から出られなくなったことがあるが、コウモリを食べて生き抜いたらしい。

もちろん『トム・ソーヤーの冒険』は自伝的なだけではない。トムのごっこ遊びは『ロビン・フッド』、トムとハックの二人組はセルバンテス『ドン・キホーテ』、墓暴きのシーンはディケンズ『二都物語』、宝探しはポー『黄金虫』など、古今の名作から持ってきている。しかも、何かと教訓ばかりだった当時の少年向け小説というジャンルの約束事に反抗する意図もトウェインにはあった。トムが孤児であるという設定こそ、こうした小説のお約束どおりだが、内容は正反対である。なにしろ、いたずらばかりで信心深くないトムが財宝も女性の心も手に入れ、町の人々から賞賛されてしまうのだから。

こうして『トム・ソーヤーの冒険』と『ハックルベリー・フィンの冒険』という二冊の本はその魅力で、アメリカにおける少年向け小説というジャンルの定義自体を書き換えたのだ。
トウェインの協力者にして有名な編集者、かつ作家であったウィリアム・ディーン・ハウエルズは『トム・ソーヤーの冒険』刊行直後の書評でこう述べている。「この物語は少年の心に関する素晴らしい研究である。少年たちは肉体的には年長者に囲まれて暮らしているが、彼らの心ははっきりと違った世界に属している。だからこそ、その世界には大いなる魅力と普遍性があるのだ。人はさまざまに異なるが、少年の心はどこでも同じなのだから」(『アトランティック・マンスリー』)。『トム・ソーヤー』に関するこれ以上の批評はないだろう。本書の執筆過程にまで関わり、アメリカで初めてトウェインを高度な文学者だと認めたハウエルズらしい言葉である。

こうした評判により徐々に火がついた『トム・ソーヤー』は二十世紀になると、トウェインの代表的な作品だとみなされるようになった。二十世紀前半を通じて、彼の作品で最も多く売れたのである。ただし評価はあくまで少年向け小説としてで、批評家たちはこぞって『ハックルベリー・フィン』こそがトウェインの最も優れた作品であると言い続けた。先に引いたヘミングウェイもそうだし、詩人のT・S・エリオットは一九五〇年にこう述べている。『トム・ソーヤー』は「男の子向けの本だ」、でも『ハックルベリー・フィン』は「少年向け小説の範疇には入らない」と。『トム・ソーヤー』は社会の決まり事に対する少年の反抗だが、トムは大人になれば退屈な大人になってしまうだろう、でもハックは黒人に対する人種差別を告発することでアメリカ社会を根源から批判した、したがって両者の深さの違いは圧倒的である、という評価が定着していった。こうして二十世紀後半になると、『トム・ソーヤー』は売り上げでも『ハックルベリー・フィン』に抜き去られてしまう。

しかしここらへんで、我々はもう一度『トム・ソーヤー』の評価を考え直してみる必要があるのではないか。エリオットの論は、大人向け小説は子ども向けより価値がある、という考えを前提としている。だがそもそも十九世紀において、大人向けと子ども向けという二分自体が曖昧だったのではないか。あるいは、人種差別について扱っている作品の方が深い、という文学史的な評価はどうだろうか。実は『トム・ソーヤー』もまた人種問題を扱っている。ただし『ハックルベリー・フィン』と違って、『トム・ソーヤー』の人種問題はネイティヴ・アメリカンと白人の関係だ。

一つ目の論点から考えていこう。レスリー・A・フィードラーは『アメリカ文学における愛と死』において、グッド・グッド・ボーイとグッド・バッド・ボーイの対比で『トム・ソーヤー』を論じている。グッド・グッド・ボーイとはシッドのような品行方正の良い子で、グッド・バッド・ボーイとはトムのような悪たれ坊主だ。「グッド・グッド・ボーイは母親が彼にやって欲しいと望んでいるふりをしていることをやる、つまり、親の言うことをよく聞き、従うのであり、それに対して、グッド・バッド・ボーイは母が本当に彼にやって欲しいと思っていることをやる、つまり、嘘をついて、親の胸を少し痛ませ、許してもらうのである」。物事の表面しか見ないグッド・グッド・ボーイに対して、グッド・バッド・ボーイは親の深い欲望や社会の偽善を見ぬく。すなわちグッド・バッド・ボーイは反抗を通じて、空虚な道徳を拒否し、より人間として本物であろうとするのだ。そしてグッド・グッド・ボーイよりも、まんまと周囲に愛されるのである。

ここまで言えばわかるだろう。グッド・バッド・ボーイとは現在においてもアメリカ人の、少なくとも男性たちがそうであろうと努めている無垢な反逆者なのだ。『トム・ソーヤー』と『ハックルベリー・フィン』についてフィードラーは言う。「アメリカ最大の書物が少年についてのもので、しかもその少年が「バッド・ボーイ」であるというのは無理もない話である」。成熟して大人になることは必ずや社会との妥協を伴う以上、堕落であり、最高の人生とは生涯、少年の心を保ち続けることにあるというのは、人間的な成熟を最上と考える東洋的な考え方とは正反対だ。これは、とにかく社会の偽善を暴くのは正義という、極端に世俗化したキリスト教の一形態とでも考えればいいのだろうか。

アメリカ的なこうした思考法は、現代のアメリカ文学に至るまで続いている。だからこそアメリカ文学の多くの作品において、成熟した性の関係は回避され、ポリーおばさんをはじめとする女性たちは少年をむりやり文明化させる者として批判されるのだ。本質的には善良である不良少年を讃え、アメリカ人男性の理想の自己像を作品という形で提示した点で、『トム・ソーヤーの冒険』は少年向け小説にとどまらない、アメリカの文化すべてに拡がる意義を持っている。

第二の人種問題についてはどうか。二〇〇〇年にカーター・リヴァードはこう述べている。『ハックルベリー・フィン』における黒人奴隷の問題についてはさまざまな人が論じてきたが、『トム・ソーヤー』におけるネイティヴ・アメリカンについては多くの人が見過ごしてきた。それはアメリカ合衆国で、ネイティヴ・アメリカンに対して過去、大規模な虐殺が行われたことを人々が認めてこなかったからだ。そしてそこが歴史認識の盲点になっているからこそ、『トム・ソーヤー』におけるインジャン・ジョーのひどい扱いについてもみな気づかないのである、と。

リヴァードの論を念頭において『トム・ソーヤー』を読みなすと、二つのネイティヴ・アメリカン像が提示されていることに気づく。高貴なインディアンというロマンティックなイメージと、白人社会への憎しみに掻き立てられた無法者インジャン・ジョーの姿である。インディアンに憧れるトムは思う。「いや、軍人よりもっといいのはインディアンだ。インディアンになって、はるかなる西部の険しい山岳や道なき大草原でバッファローを狩り、戦いに明け暮れ、いつの日か大酋長となって村に戻ってくるのだ」。しかしこれはトムが読んだ物語の中だけの話だ。実際にはさまざまな方法でネイティヴ・アメリカンたちは虐殺され、土地を奪われ、強制移住させられたのは歴史が教えるとおりである。

インディアンとおそらく白人との混血であるインジャン・ジョーは治安判事について言う。「あの野郎、おれを馬用の鞭で打たせやがったんだ！　牢屋の前で、馬用の鞭で！ニガーみたいに！　村じゅうの人間が見てる前でよ！　馬用の鞭だぞ！　わかるか？え？」。なぜインジャン・ジョーは白人社会に憎しみを抱いているのか。それは彼を人間だと認めてくれないからである。そして人間でなければ、法で保護されることもない。インジャン・ジョーが無法者なのは、白人社会によって法の枠外に最初から追放されているからだ。

しかし白人社会の側は自分たちの暴力性を認めない。むしろ暴力はネイティヴ・アメリカンのほうにある、というのが白人社会の主張だ。たとえばインディアンなら耳を刻んでも鼻を削いでも当然だ、とウェールズ老は語る。すなわちインジャン・ジョーの攻撃性はそもそも血の中にあり、それを取り除くためには究極的には彼を殺すしかない、という論理である。

サッチャー判事が子供たちの安全のために作った洞窟の扉のせいで、インジャン・ジョーは外に出られず、苦しみぬいて餓死する。ここでも、ジョーの死は誰のせいでもないことになっている。共同体の安全のためなら人が死んでも仕方がない、しかもジョーのような極悪人ならなおのことだ、という理屈はいただけない。ここには、ジョーを追いやったこの町の共同体の独善が感じ取れる。

リヴァードの論を踏まえた上で、しかしながら本論では、トウェインがこうした二つのネイティヴ・アメリカン像を提示したことを積極的に評価してみたい。そもそも『ハックルベリー・フィン』のハックだって、奴隷制は正しくないのでは、と思いながらも結局、黒人奴隷のジムに対して決定的な手は打てなかった。そしてハックが何もしなくとも、実ははじめからジムは解放されていた、というグズグズの結論にたどり着く。

ならばトウェインがインジャン・ジョーの白人社会に対するリアルな怒りを少年向けの文学に導入した、というだけでも十分に意義があるのではないか。たとえ最後には無残に殺してしまうにしても、である。そもそも十九世紀にネイティヴ・アメリカンが白人よりも正しい、という作品を書いて国民文学になるわけがない。トウェインが時代的制約の中で、それでも声を抑圧された人々がいるということを、インジャン・ジョーという不気味なキャラクターに結晶させて読者に示したことはそれなりに重要だろう。『トム・ソーヤーの冒険』にはもう一人法の外にいる人物が登場している。ハックルベリー・フィンのことだ。金や結婚の意義を否定し、王様と黒人は名前が一個しかないのだから同じだ、と論じるハックは社会の外側から、気持ちいいくらいの正論を言う。「冗談じゃねえや、おれは金持ちなんかごめんだ。あんな息もできねえ家なんかごめんだ。おれは森や川が好きなんだ。大樽ん中で寝るのが好きなんだ」と言い放つ彼は、ヘンリー・デイヴィッド・ソロー的な境地にまで行き着いている。

こうした無垢の自然状態への志向は、アメリカ文化の中でもつねに尊ばれてきた。ハックの存在は『ハックルベリー・フィンの冒険』のみならず、本書でも非常に魅力的である。しかしながら、本質的には共同体の中にいるトムに対してハックの未来は暗い。もしかしたら大人になった彼は飲んだくれ、終いには父親のように殺されてしまうかもしれない。そうでなくとも、ますます文明化していく十九世紀のアメリカで、彼が幸せに暮らしていけたかどうかはわからない。

最後に一冊の本を紹介したい。シャーマン・アレクシー『はみだしインディアンのホントにホントの物語』(さくまゆみこ訳、小学館、二〇一〇)である。自身がスポケーン・インディアンである売れっ子作家のアレクシーは、この本で全米図書賞のヤングアダルト部門も獲得した。主人公のアーノルドは、もっと成長したいという気持ちに付き動かれるままに居留地を出て、白人ばかりのハイスクールに入る。彼は孤独の中、勉強やスポーツをがんばるうちにバスケットボール代表チームに選ばれる。そして試合の対戦相手になったのはなんと、自分の居留地にある高校のチームなのだ（一八五ページの書評を参照）。

『トム・ソーヤーの冒険』から百三十年以上経って、アメリカ文学は大きく変わった。すなわち、ネイティヴ・アメリカンが主人公の少年向け小説が大きな賞を取るまでになったのである。だがトウェインの精神は生き続けている。共同体で正しいとされていることは本当に正しいのか。違う場所に移動すれば、まったく違う価値観があるのではないか。果たしてその中で、自分はどれを選ぶのか。アレクシーの作品にもあるこうした問いが、『トム・ソーヤー』の中にも、もちろん生き続けている。だからこそ『トム・ソーヤーの冒険』はいつも新しいのだ。

参考文献

Alexie, Sherman. *The Absolutely True Story of a Part-Time Indian.* NY: Little Brown and Company, 2007.

Gerber, John C. *Mark Twain.* Boston:Twayne Publishers, 1988.
Twain, Mark. *The Adventures of Tom Sawyer*. ed. Beverly Lyon Clark. NY: W. W. Norton, 2007.
レスリー・A・フィードラー『アメリカ小説における愛と死』佐伯彰一＋井上謙治＋行方昭夫＋入江隆則訳、新潮社、一九八九年。

（……………………『トム・ソーヤーの冒険』解説、光文社古典新訳文庫、二〇一二年六月

戦争の記憶——評伝J・D・サリンジャー

一、アウトサイダーのディズニーランド

現在、J・D・サリンジャーは読むことのできない作家として存在している。そんなことはない。現代アメリカ文学の作品としてもっともポピュラーなのはヘミングウェイの『老人と海』とサリンジャーの『キャッチャー・イン・ザ・ライ』ではないかと思うかもしれない。確かに、一九五一年の刊行以来、世界中で六千五百万部を売り上げ、いまだ年に二十五万部ずつ売れ続けていることを考えても、最も読まれている作家の一人であると言いたくなる気持ちはわかる。

だがどうだろう。もし本当に有名作家ならば、二〇一〇年に九十一歳で亡くなったとき、まだ生きていたのかという感慨を多くの人が抱くことはなかったのではないか。あるいは最も詳細な伝記であるポール・アレクサンダー『サリンジャーを追いかけて』を読んでも、一九五七年の隠遁以降、最近は誰と結婚していたのかというような基本的な情報さえ得られない。途中他人によって暴露された数少ない情報以外、まだサリンジャーは作品を書き続けていたのかさえはっきりしたことはわからないのである。奇妙なことはまだある。なぜわれわれは『キャッチャー・イン・ザ・ライ』以前、彼がどんな作品を書くことで作家としての自己を作りあげたのかを知らないのだろうか。

すなわち、われわれの目の前には四冊の見事な著作『キャッチャー・イン・ザ・ライ』『ナイン・ストーリーズ』『フラニーとゾーイー』『大工よ、屋根の梁を高く上げよ・シーモア——序章』が、少なくとも英語版では作者近影も解説もないまま投げ出されているだけなのである。そして歴史的な文脈も作家の人生もろくに知らされないまま、読者はただテクストと対峙することを強いられる。そこで読者が見出すのは、たとえば汚れた大人と純粋な子供といった二項対立だろう。そしてあの、自分だけに語りかけてくれるサリンジャーという幻影が立ち現れるのである。あとは、ホールデンの気持ちは自分こそよくわかるのだ、という甘い共感の世界に読者は入りこむしかない。六十年ものあいだこうしたメカニズムを作動させ続けてきたサリンジャー作品の持つ力には脱帽せざるをえない。

だが、この効果が作者によって周到に計算されたものだったとしたらどうだろう。いわばアウトサイダーのディズニーランドとして、サリンジャー自身によって生み出された世界なのだとしたら。たとえばジョージ・スタイナーは一九五九年にサリンジャーを批判してこう述べている。サリンジャーは読者に文学的、あるいは政治的な関心を何一つ要求せず、「若い読者たちの無知や浅薄な倫理におもねっている」と。確かにサリンジャー作品の標準的な読まれ方を踏まえれば、こうした批判も十分に当てはまるだろう。だが考えてほしい。文学史的な裏付けをまったく欠いた形で、はたして『キャッチャー・イン・ザ・ライ』のような完成度の高い作品を書けるだろうか。あるいはその後の若者文化のありようを決定的に決めてしまった作品が、政治性抜きに存在しえるだろうか。

この疑いは、彼の伝記やアメリカでは著作として出回っていない初期作品を読むと確信に変わる。F・スコット・フィッツジェラルドやヘミングウェイといったモダニズム文学への意識、ユダヤ人差別、ナチスとホロコースト、第二次世界大戦など当時の社会状況への視点がふんだんに盛りこまれた諸短篇を読むと、これらを素材として細心の注意を払い編集しなおすことで、サリンジャー自身が現在のサリンジャー像を『キャッチャー・イン・ザ・ライ』公刊以降作りあげてきたのがわかる。新作を出さず、年老いた自らの姿を決してメディアに載せないことで青年のイメージを保つことまで含めて、すべてがサリンジャーの作品だったと考えてもいいのではないかと思えてくるのだ。

サリンジャー・ファンの遊ぶ甘い夢の世界をそのままにしておくのは、それはそれで意味がある。作家と作品をわかってくれる読者以外何が必要なんだというサリンジャーの声も聞こえてきそうだ。それでもこう言いたい。読者は作者によって指定された以外の読み方をする自由を持つべきだ。もし故意に限定された情報によって、知らず知らず読み方まで誘導されてしまっているとしたら、そうした優しさを拒絶する権利を読者は持つ、と。

二、半ユダヤ人

ユダヤ系としての出自こそJ・D・サリンジャー本人と作品の両方を規定する大きな要素である。だがアメリカ国内でさえ、『キャッチャー・イン・ザ・ライ』はワスプ（アングロサクソン系白人プロテスタント）の物語だとしている批評すらあるほどだ。これには、親子二代に渡るパッシング（社会的にワスプとして通すこと）の歴史が関わっている。

一九一九年元旦にサリンジャーは生まれた。父方の祖父はオハイオ州クリーヴランドのラビで、その後医師としても成功した人物である。息子のソルはヨーロッパから食肉を輸入する会社に入り大きな成功を収めた。収入が上がると彼は、マンハッタンのアッパーイーストサイドに転居する。ここはほぼワスプのみによって占められた高級住宅街だった。妻のマリーはアイルランド系のカトリックだったが、結婚に際してユダヤ教に改宗し、ミリアムというユダヤ風の名前に変えた。ここでサリンジャー自身にとって大きな問題が持ち上がってくる。ユダヤ人にとって大切なのは母親の系統である。すなわち父親がユダヤ人であっても、母親がそうでなければ正統なユダヤ人とはみなされないのだ。つまり彼は、半ユダヤ人としての不安定なアイデンティティを最初から運命づけられていたのである。

作品中でも、話者や主人公が明確にユダヤ系だとされることはない。しかしサリンジャーのユダヤ系としての意識はときどき強く作品中に現れてくる。「ディンギーで」(『ナイン・ストーリーズ』所収)では父親を薄汚いユダ公と言われて子供が泣きじゃくる。あるいは「ある少女の思い出」(一九四八)ではウィーンで出会ったリアという少女に主人公は恋をするが、第二次大戦終結後、彼が兵士となって戻ると、彼女がナチスの手により焼却炉で焼き殺されたと知る。当時はアメリカ国内ですら地方や軍隊内では反ユダヤ主義が強かったこと、サリンジャーがやがてヨーロッパでナチスと闘いホロコーストの現実を目の当たりにすることを考えても、ユダヤ系としての疎外感や怒りは諸作品の根底にあるのだろう。その感情を正面から語らず、たとえば落第生の悲しみといった別の形に翻訳するというのがサリンジャーの一貫して取った戦略だった。

三、作家サリンジャーの誕生

『キャッチャー・イン・ザ・ライ』を見ればわかるとおり、サリンジャー作品において学校は重要な位置を占めている。サリンジャーは公立学校を経て、金のかかる私立高校であるマクバーニーに入れられる。だが成績が振るわなかった彼は、一年で退学してしまう。代わって父親が探してきたのが、すべてが軍隊式に運営されているヴァリー・フォージ軍学校だった。ホールデンのイメージとは反対に、サリンジャーはさまざまなクラブに入り、成績も比較的よかった。この学校に行ったことで、サリンジャーにとって軍隊と学校が一つに結びついたことは、後の創作において大きな役割を果たしている。すなわち、軍隊もので語られた心情が学校ものに翻訳されることになるのだ。卒業後はニューヨーク大学に入学するがすぐに退学、父親の仕事を継ぐため一九三八年、ポーランドとオーストリアに研修に出向く。「ある少女の思い出」に登場するリアのモデルとなったユダヤ人少女と出会ったのもこのときである。ドイツ語やフランス語を学びながら食肉解体業を実地に体験したが、これはサリンジャーにとっては辛い体験となった。作家になる決心を胸に帰国したのは、ナチスがオーストリアに侵攻するたった一カ月前のことである。

帰国後はアーナイサス大学に入るもすぐにやめ、コロンビア大学の創作講座に聴講生として参加するようになった。ここで出会ったのが伝説的な編集者ウィット・バーネットだった。彼の編集する『ストーリー』はトルーマン・カポーティ、テネシー・ウィリアムズ、ウィリアム・サローヤンなどの処女作を掲載したことで知られる。バーネットはサリンジャーの才能を見抜き、彼の「若者たち」（一九四〇）を『ストーリー』に掲載した。作家サリンジャーの誕生である。フィッツジェラルドに影響を受けたその作品でサリンジャーは都会の若者たちの倦怠感を描いた。演劇や映画への興味に裏付けられた会話の巧みさも見逃せない。これらの要素に戦争による心の傷が混ぜ合わされることにより、サリンジャーは独自の声を得ることになる。

四、戦争文学としてのサリンジャー

サリンジャー文学を最も強く規定しているのは戦争である。一九三九年に第二次世界大戦が勃発すると、彼は自分も参加することを強く望むようになる。心臓に軽い疾患があったものの一九四二年にはついに入隊し、諜報部隊の一員としてイギリスで訓練を受ける。一九四四年にはノルマンディー上陸作戦に参加、バルジの闘い、ヒュルドゲンの森の闘いなど、いくつもの激戦をくぐり抜けた。サリンジャーの業務は主にゲシュタポの摘発であり、フランス語とドイツ語の知識を使って尋問を行なった。途中、従軍記者としてパリ解放にいあわせたヘミングウェイとも出会っている。サリンジャーの短篇「最後の休暇の最後の日」をヘミングウェイに褒められたことは大きな自信となったに違いない。だが、あまりにむごい光景を見続け、大量の仲間を失ったという経験のせいでサリンジャーはPTSDになってしまう。その様子は「エズメに――愛と悲惨をこめて」(『ナイン・ストーリーズ』所収)でもわかる。ドイツ降伏後、ニュルンベルクの陸軍総合病院で彼は精神科の治療を受ける。フランス人ともドイツ人とも言われるシルヴィアという名前の精神医学者と短期間結婚していたのもこのころだ。

一九四四年以降に発表した戦争ものの短篇を見ていると、サリンジャーが『キャッチャー・イン・ザ・ライ』などで展開するモチーフをどう練り上げていったかがよくわかる。「やさしい軍曹」(一九四四)で主人公の上官のパークは、日本軍によるパールハーバー攻撃のなか、冷蔵庫に隠れた新兵たちをわざわざ助けに行って命を落とす。まさに彼こそ、ときには自分の命さえ引き替えにして子供たちを助けるキャッチャーの原型だろう。「大人になって、やさしい人間になるんだぞ」と生前主人公にパークが告げるシーンはせつない。「最後の休暇の最後の日」（一九四四）にはホールデン・コールフィールドという名の青年が登場する。ただし彼は戦場ですでに行方不明だ。このホールデンがそのまま『キャッチャー・イン・ザ・ライ』に横滑りしていると仮定したらどうだろう。死んだ弟であるアリーの声を聞き、「誰かが死んじまったからって、それだけでそいつのことが好きであることをやめなくちゃいけないのかい？」と妹のフィービーに語るホールデン自身が実は死者の仲間だったとしたら。

「最後の休暇の最後の日」で、ホールデンの兄のヴィンセントは兵隊仲間のベーブに言う。「君に会ってると楽しいね、ベーブ。招待してくれてありがとう。兵隊たち――とくに気の合った兵隊同志は、この節じゃあ、ひとつ世界の仲間だもんな。娑婆の奴らといっしょにいても話にならんよ。奴らにはぼくらの気持がわからんし、こちらも奴らの考えてることがわからない」。一般市民の世界と戦争の世界とはあまりにも異なっていて、いくら言葉を重ねても「娑婆の奴ら」に自分たちの体験を理解させることはできない。ならば一切口をつぐむべきではないか。ベーブは言う。「ただね、この前の戦争にせよ、こんどの戦争にせよ、そこで戦った男たちはいったん戦争がすんだら、もう口を閉ざして、どんなことがあっても二度とそんな話をするべきじゃない――それはみんなの義務だってことを、ぼくはこればかりは心から信じているんだ」。だが戦争について語るべきではないと言うことで結局は語ってしまっている、という矛盾がベーブの言葉にはある。しょせん一般市民には理解されない。だが語りたい気持ちを抑えることもできない。ならば『ナイン・ストーリーズ』における戦争へのほのめかしとして、あるいは『キャッチャー・イン・ザ・ライ』における学園ものへの翻訳として、間接的に語るという手法をサリンジャーは選択せざるをえない。すなわち彼は戦後、語らないことで語る作品世界を作りあげていったのだ。

「マヨネーズ抜きのサンドイッチ」（一九四五）で弟のホールデンを亡くしたヴィンセントはひたすらホールデンに語りかける。「ホールデン、今どこにいるのか？　行方不明なんか気にするな。もう遊びはやめて、姿をあらわせ。どこかに姿をあらわせよ。聞こえるかい？　ぼくのためにそうしてくれないか？　何もかもおぼえているからなんだ。楽しかったことが忘れられないんだ」。この作品におけるヴィンセントとホールデンの関係が、『キャッチャー・イン・ザ・ライ』ではホールデンとアリーの関係に横滑りしている。

「他人行儀」ではヴィンセントすら戦死している。ベーブはヴィンセントの愛した女性に彼の死に様を告げに行く。ヴィンセントの死は何ら英雄的なものではなかった。音もなく飛んできた臼砲にあたりほとんど即死したのだ。「何か気持の休まる嘘をまぜた話がおわったあとでも、市民をそのままわかれさせたくない。ヴィンセントの女に、かれが死ぬ前にタバコをほしがったと思わせたくない。かれが勇敢ににやりと笑ったとか、りっぱな言葉を最期に口にしたと思わせたくない」。この部分を読むと「コネチカットのアンクル・ウィギリー」(『ナイン・ストーリーズ』所収)でウォルトがストーブの爆発で死んでしまう場面を思い起こさせられる。戦場の論理を踏まえれば、市民社会の論理は常にインチキである。愛国主義をかきたてる英雄譚がまかりとおり、兵士たちが犬死にするしかない戦争の現実は常に無視される。だが二つの世界の論理があまりにかけ離れている以上、それは仕方のないことではないだろうか。ベーブは妹のマティを連れている。彼女を見ながらベーブは思う。「彼女はふち石から道へかるく跳んで、またもどった。それがどうしてこんなに美しい眺めなのだろうか?」。汚い大人と純粋な子供という二項対立がまた出てきたと思われかねない部分である。だがどうだろう。兵士も子供も死者たちも市民社会の縁に位置している。ならば両者こそもう一つの世界に触れることができる存在だ、とサリンジャーが考えていたとしたら。

「フランスのアメリカ兵」(一九四五)で、疲れ切った兵隊はドイツ兵の掘ったたこつぼのなかで眠りに落ちる。戦場においては確かに、眠りぐらいしか安らぎの時間はないだろう。ここを読むと「エズメに――愛と悲惨をこめて」のラストを思い起こす。「本当に眠い男ってのはね、エズメ、いつだって望みがあるのさ、もう一度機――き・の・う・ば・ん・ぜ・んの人間に戻る望みが」。われわれの身体は常に市民社会の外にはみ出す存在である。意思で支配しようとしても、病み、痛み、あるいは勝手に回復してしまう。あるいは『キャッチャー・イン・ザ・ライ』でホールデンはアントリーニ先生のありがたい話を聞きながら眠気に襲われる。子供同様、われわれの身体もまた市民社会からこぼれた兵士の側にある。

五、偽装と隠遁

一九四〇年代から十年かけて書き続けた『キャッチャー・イン・ザ・ライ』をサリンジャーは一九五一年、ついに発刊する。これには先行する習作としての短篇が未公刊のものも含めて複数存在する。「気ちがいのぼく」(一九四五)ではホールデンとスペンサー先生とのやりとりが描かれるし、「マディソン街のはずれの小さな反抗」(一九四六)でホールデンは田舎で住もうとサリーを誘う。夜中に電話をかけるシーンも自伝的なものらしい。印象的なシーンを扱った短篇をまとめ直すという過程を経ているからこそ、『キャッチャー・イン・ザ・ライ』はさまざまなエピソードが延々と連ねられるという構造を持つのだろう。刊行された本書は強烈な反応を巻き起こした。とくに一九五四年のペーパーバック版以降、勃興しつつあった若者文化のバイブルとして急速に祭り上げられたのだ。その反抗的な口語体はビート以降の文学、フィリップ・ロスやジョン・アップダイクといったアメリカを代表する作家たちにさえ大きな影響を与えた。六〇年代のベトナム戦争期にはカウンターカルチャーにおける重要な著作となり、映画、テレビ番組など、アメリカ大衆文化の源流としてその影響力は広い範囲に及ぶようになる。しかしながら、こうした受容にはある誤解が作用しているように思えてならない。市民社会の側がわかってくれないのは汚い大人によって構成されているからではなく、あくまで戦場とは異なる論理で組織されているからである。そして市民社会に理解できないものを理解させようとして書かれた、偽装された戦争小説である『キャッチャー・イン・ザ・ライ』はその点で、大人と子供をめぐる対立について書かれた単純な作品では決してありえないのだ。それを若者文化の代表として膨大な量、消費することこそ、サリンジャーにすればもっとも深い無理解と言えるのではないか。

その無理解に応えるように、一九五七年以降サリンジャーは亡くなるまでニューハンプシャー州コーニッシュで隠遁生活に入る。一九五五年にクレアと結婚し、彼女への贈り物として「フラニー」(一九五五)を書く。だがこの時期から書き継がれていったグラース家サーガは、それ以前の作品に比べて内容が限定され、自閉的なものになっていった。これは一九四〇年代後半からサリンジャーが急速にのめりこんでいった禅などの東洋的な宗教も原因だろう。現世に愛想をつかすあまり、彼がこうした方向に走るのは理解できる。だがそこに答えを見出そうとすれば、留まることのない精神の運動である文学とは違う試みとならざるをえない。結局、「一九二四年、ハプワースの一六日」(一九六五)以降作品の発表すら彼はやめてしまう。その後のインタビューもほとんどない以上、彼が本当に今まで作品を書き続けてきたのかはわからない。もしあるとしても、それが読者の興味を引きえる作品かどうかもわからない。

参考文献

ポール・アレクサンダー『サリンジャーを追いかけて』田中啓史訳、DHC、二〇〇三年。

J・D・サリンジャー『倒錯の森　サリンジャー選集3』刈田元司+渥美昭夫訳、荒地出版社、一九六八年。

——『若者たち　サリンジャー選集2』刈田元司+渥美昭夫訳、荒地出版社、一九八六年。

——『キャッチャー・イン・ザ・ライ』村上春樹訳、白水社、二〇〇三年。

——『ナイン・ストーリーズ』柴田元幸訳、ヴィレッジブックス、二〇〇九年。

イアン・ハミルトン『サリンジャーをつかまえて』海保眞夫訳、文春文庫、一九九八年。

ウォーレン・フレンチ『サリンジャー研究』田中啓史訳、荒地出版社、一九八二年。
村上春樹＋柴田元幸『翻訳夜話2　サリンジャー戦記』文春新書、二〇〇三年。
Sarah Graham. *J.D.Salinger's The Catcher in the Rye*. NY: Routledge, 2007.
Henry Anatole Grunwald. Ed. *Salinger*. NY: HarperCollins, 1962.

（……………『文學界』二〇一〇年四月）

死と向かい合うこと

ロベルト・ボラーニョ『鼻持ちならないガウチョ』

すべての人間は死ぬ。ボラーニョが五十歳で早すぎる死を迎える、たった二週間前に完成させた遺作である本短篇集もまた死に満ちている。だがそれは諦めを意味しない。彼は言う。「セックスは死にゆく人間が唯一望むことだ」。なぜか。死の寸前にこそ、生の炎は赤々と燃え上がるからだ。

表題作「鼻持ちならないガウチョ」で主人公の弁護士は、二〇〇一年の経済破綻後、ブエノスアイレスでの暮らしを捨ててパンパの農場に向かう。地球の丸みさえわかるほどの広大な平原で、彼は失われたガウチョの暮らしを始める。廃屋となった母屋を修理し、馬を買い、男たちや料理女を集めて農場を再興する。二十一世紀にガウチョなんて。

人々は彼を笑うが、彼は気にしない。死を意識した彼には世間の常識なんて関係ないのだ。彼は思う。「どんな人間も、人生のどこかでエルサレムに入城するものなんだ」、そして「おれたちは捕らえられ、十字架に架けられる」。自分にとって嘘がない、本当に納得できる生き方とは何か。残された人生の短い時間に、彼はそれだけを見つめる。

ボラーニョにとって芸術とは、死を前提としないことで成立している社会の外側を垣間見る行為だ。「鼠警察」に登場する鼠の歌姫ホセフィーナの甥ティラは、鼠が他の鼠を殺すことができると気づいてしまう。だが彼の言葉を誰も信じない。みんな現実と向かい合うのが恐いのだ。

ここにあるのは、人間の業を見据える芸術の力である。人は死に、人は人を殺し、それでも人を愛する。こうした根源的な暴力から目をそらさないことで、ボラーニョは耳に心地よい物語を引き裂く。

「いかなる文学の燦然たるホープであっても、一日だけ咲く花にすぎ」ないと彼は言う。その儚さこそが文学の栄光だろう。現代において、真に読む価値がある言葉だけを吐き続けた彼の存在は貴重だ。

（……………………………『エル・ジャポン』二〇一四年六月

反乱するオタクたち

ジュノ・ディアス『オスカー・ワオの短く凄まじい人生』

ジュノ・ディアス『オスカー・ワオの短く凄まじい人生』を読んで感じるのは圧倒的な新しさである。なにしろ既存の分類をまったく許さないのだから。マイノリティ文学のはずなのに、アメリカ合衆国とカリブ海を貫く暗黒世界を構想する幻視力の巨大さはトマス・ピンチョンのようだし、そもそも純文学のはずなのに、マンガ、アニメ、SF、ファンタジーなどの知識が大量に投入されているところは中南米マジックリアリズムのポップ・バージョンみたいだ。しかも原注がやたらと多く、読んでみると知識を伝えるというより、本文から離れて勝手に物語を語りまくっている。

そしてこうした試みはただ実験的なだけに終わっていない。なにしろ本書は全米批評家協会賞、ピューリッツァー賞というアメリカを代表する文学賞を二つも獲得した上で、大ベストセラーにもなったのだから。ここまで新しくて面白い、というのは尋常なことではない。その点で、本書の登場は二十一世紀のアメリカ文学における一つの事件である。

なぜジュノ・ディアスがこんな作品に行き着いたのか。すべて必然性があってのことである。一九六八年にドミニカ共和国サントドミンゴ近郊で生まれた彼は、七四年にアメリカ合衆国に移住、ニュージャージー州で育った。一九九六年に出た第一短篇集である『ハイウェイとゴミ溜め』で彼は、ドミニカでの少年時代やアメリカ合衆国での移民コミュニティについて鮮烈な文章で書いている。

幼いころ家に乱入してきた豚に顔面を食われた少年に会いに行く短篇「イスラエル」、浮気している父親の車に乗るとどうしても気分が悪くなってしまう少年の話「フィエスタ、一九八〇」など、デビュー作であるにもかかわらず傑作揃いで、その多くは現代アメリカ文学のアンソロジーに収録され、後に大学でも教材として教えられるようになった。たった一冊でディアスがマサチューセッツ工科大学の教授になったことからも、その評価の高さはわかるだろう。

次に彼が取り組んだのが、一九三〇年から三十一年間もドミニカを支配した独裁者トルヒーヨと彼の統治下で生きた人々の悲劇を描く本作である。もちろん、一九六八年生まれであるディアスはトルヒーヨの時代を直接は知らない。だが、いまだ親世代の心を支配し、それを通じて移民社会にも多大な影響を与え続けているトルヒーヨに彼の興味が向かうのは必然だった。

ディアスは本書を書き上げるのに十一年もの月日を費やしてしまった。それはドミニカを世界から隔離し、気分次第で誰でも殺したトルヒーヨの治世があまりにも異常だったからである。その世界を書くためにディアスはいったん、瑞々しい文章で綴られたマイノリティ文学、という自分の強みを捨て去らなければならなかった。そして彼が導入したのが、アニメやコミック、SFやファンタジーなどあらゆるサブジャンルの想像力を駆使した異形の文学だったのである。

ありきたりの政治小説を書くことでは、トルヒーヨの幻燈のような力を捉えることは誰にもできないでしょう。だからこそ私は、ものすごくオタク的になる必要があったんです。呪いや宇宙から来たマングースやサウロンやダークシード抜きではトルヒーヨの治世には近づけません。それは僕らの「近代的な」思考では捉えられないんですよ。

（『スレイト』誌インタビュー）

もちろん本書を書くためにディアスが急にサブジャンルを勉強し始めたわけではない。それは登場するSFやファンタジー、ロールプレイングゲームに関する知識の深さを見てもすぐにわかる。幼少時からジョン・クリストファーを読み、『猿の惑星』を見て育ったディアスが、自分の持っているものをすべて投入することにした、というのが実際のところだろう。もちろんそれだけではなく、ラトガーズ大学での大学生活、ディマレスト寮の様子など、自伝的な要素は作品各所に散りばめられている。

もう一つ本書を特徴づけているのは、ノーベル賞作家バルガス＝リョサへの猛烈な対抗意識だろう。「トルヒーヨが欲しがった少女といった話が話題になるのは、この島ではものすごくありふれたものだった。〔……〕あまりにもありきたりだったので、マリオ・バルガス＝リョサはただ口を開けるだけで、空気中をただよっているそんな会話を吸いこむことができたくらいだった」。そしてトルヒーヨの後継となった残虐な独裁者バラゲールをバルガス＝リョサは思いやりある人物として描いている、ともディアスは書いている。

これらはすべて、バルガス＝リョサの新たな代表作とも言われる傑作『チボの狂宴』（二〇〇〇）への言及だ。この本でリョサはトルヒーヨ政権末期の権力闘争や彼の暗殺のなり行きについて、綿密な取材に基づいた上、息もつかせぬような見事な文章で綴っている。しかしディアスはこれが気に食わない。なぜペルーの白人であるリョサがドミニカの独裁者について、あたかも自分の所有物のように語るのか。そして権力者を視点に置いた、興味深いもののシンプルな物語に仕立て上げてしまうのか。

この、中南米マジックリアリズム全体に喧嘩を売っているとしか思えないディアスの態度の裏には、ある問いかけがある。スペイン語圏を後にし、アメリカ合衆国という英語圏で育った移民である自分には中南米の独裁者について語る権利はないのか。そして支配する側からではなく、支配される側からは独裁政権を見てはいけないのか。

それはまた、小説というものに対するディアスの問いかけにもつながる。

独裁政権では、語ることが本当に許されているのはたった一人です。そして僕が小説や短篇を書くときも、本当に語っているのは僕だけなのです。登場人物たちの背後にいかに隠れていようとも。（同上）

すなわち、リョサの独裁者小説への批判はそのまま、ディアスの自己批判にもなっているわけだ。だからこそ、小説という枠組み自体をいったん壊して、多様な声が響き得る器へとディアスは鍛え直す必要があったのである。

だからこそ彼は本文中に大量のスペイン語を使う。しかも多くの場合、英語訳すらつけない。「アメリカ合衆国にはたくさんのスペイン語話者がいるって事実に、もうそろそろみんな慣れ始めてもいいころだろう?」。そしてそれはアメリカ文学を、英語、スペイン語、フランス語が行き交うカリブ文学へと開いていく試みでもある。

冒頭に掲げられたセントルシアの詩人であるデレク・ウォルコットの作品「逃避号」の一節は象徴的だ。「おれにはオランダ人、黒人、イギリス人の血が流れている、／おれが誰でもない人間じゃないとすれば、言わば一人で一国家だ」。あるいはまた、マルチニークの作家パトリック・シャモワゾーがフランス語にクレオール語を混ぜ合わせて語り、ゴンクール賞まで獲得した『テキサコ』(一九九二)の影響についてもディアスは語っている。

語る者が一人である独裁批判はそのまま、マッチョ主義批判にもつながっていく。そのための武器がオタク文化の導入だ。主人公のオスカーは幼いころからSF、ファンタジーをこよなく愛し、古典的なテーブルトーク・ロールプレイング・ゲームに興じるオタクである。もちろん原語では多くの場合「ナードnerd」と表現されていることからしても、日本のオタクとは重なりながら違う部分も多い。

一番大きな違いは、ナードがジョックスの反対概念だということだ。スポーツ万能、容姿端麗、男性中心主義、ゲイ差別などで知られるジョックスたちは、その女性版であるチアガールらとともに、アメリカのハイスクールにおけるスクールカーストの最上級を占める。そして下層にいるのがナードといわれる集団だ。内向的でパッとせず、空気を読めず、他人の感情に配慮できずにコミュニケーションが下手、だがスポーツ以外の知識に対する興味は旺盛、という彼らの性格付けを知らないと、なぜオスカーが究極の非モテキャラに設定されているかは理解できない。そしてナードにはSF、アニメ、特撮ファンだけでなく、ガリ勉、パソコンマニア、ロックファン、ゴスまですべて含まれるというからアメリカは恐ろしい。オスカーと一瞬だけつきあうラ・ハブレセがロックファンかつゴスに設定されているのもそのせいだ。

もちろんオスカーは純粋にアメリカ風ナードなだけではない。本文中にも「オタク性otakuness」という言葉が出てくるとおり、彼は日本のオタク文化にも多大な影響を受けている。『宇宙戦艦ヤマト』や『キャプテンハーロック』などを見て育ち、好きな映画が『AKIRA』で、週末はヤオハンのモールに通い、フィギュアを見たりカツカレーを食べたりする、というのだからオスカーはただ者ではない。だが日本のオタクと違うのは、二次元の女性に対する「萌え」感覚が皆無なことだ。だからこそ三次元の大量の女性を口説き、ふられ、傷つき、命を懸けた危険な恋に突っ走る。ここら辺はやはりドミニカ系アメリカ人である。
マッチョ主義批判は男性だけに限られるものではない。独裁的な母親とつねに踏みつけられる娘、という女性版もある。ロラが母であるベリシアと闘い続ける第二章「原始林《ワイルドウッド》」は圧倒的だ。男性であるディアスが、どうしてここまで女性の心情を書けたのかとまで思ってしまう。

（……………ジュノ・ディアス『オスカー・ワオの短く凄まじい人生』訳者あとがき、新潮社、二〇一三年二月

裏切られ続ける男の呪い

ジュノ・ディアス『こうしてお前は彼女にフラれる』

こうしてお前は彼女にフラれる、だって？　何でそんなこと知ってるんだ、放っておいてくれ、といきり立っているあなた。落ち着いてください。この本でフラれるのはあなたじゃありませんから。

では誰がフラれるのか。前作の長篇『オスカー・ワオの短く凄まじい人生』でオスカーのルームメイトとなり、作品全体の語り手（の少なくとも一部）を担ったあのモテ男ユニオールである。どうしてフラれるのか。彼女に浮気がバレるからだ。まあバレるバレる。「太陽と月と星々」では浮気相手が彼女に事細かく手紙を書き、「アルマ」では浮気を記した日記を彼女に読まれ、「浮気者のための恋愛入門」では消していなかった大量の電子メールから五十人分の浮気が発覚する。どんなに秘密にしていようが、それを誰かが書き付けた途端、絶対に彼女に読まれてしまう。ここまで来ると、半ばユニオール自身が発覚を望んでいたのではないかとまで思えてくる。どうしてユニオールは浮気をやめられないのか。バレれば自分も相手も傷つくとわかっているのに。

恋多きことで知られる根っからのドミニカ男だから、という意見もあるだろう。だが彼の場合、事態はもう少し深刻である。ユニオールが子供のころ、愛人のもとに去っていった父親も、癌で若くして亡くなった兄のラファも、ともに浮気がやめられなかった。崩壊した家庭で育ったユニオールは、父親や兄貴のようにだけはなるまいと念じながらも、気がつけば二人と同じ生き方をしてしまう。男の裏切りこそ、ユニオール自身の子供時代を暗くした直接の原因なのに。こうなると彼の背負った業はかなり深い。『オスカー・ワオ』ではドミニカ共和国の独裁制の呪いが語られていた。本書では一族を不幸に突き落とす浮気男の呪いが扱われているのである。

わかっているのに、どうしてユニオールは浮気を繰り返すのか。理解の鍵は「ミス・ロラ」の冒頭にある。「何年も経ってからお前は考える。兄貴のことがなかったら、あんなことしただろうか？　他の野郎どもはみんな彼女をひどく嫌っていたのを覚えてる――すごく痩せてて、尻《クロ》もおっぱいもなくて、まるで棒みたいだ《コモ・ウン・パリト》、でもそんなこと兄貴は気にしなかった。あの女とヤリたいぜ」。そして兄貴が癌で亡くなった直後、悲しみに暮れるユニオールは誘われるままにミス・ロラと寝てしまう。同じ学校にはパロマという恋人がいるのに。そしてミス・ロラはすぐに自分の高校の先生になってしまうのに。

ユニオールはただ寂しかったのか。兄の記憶を分かち合える相手が欲しかったのか。あるいは、パロマと違って自分を性的に受け入れてくれる人が欲しかったのか。そのどれも本当だろう。だが最も強い理由は、兄貴の欲望を自分が反復することでしか、死んだ兄の存在を身近に感じ続けることができなかったからではないだろうか。言い換えれば、兄への愛ゆえに、ユニオールは兄に変身しようとしたのだ。

実はミス・ロラにとっても、ユニオールはラファの代わりだった。母ちゃんがドミニカ共和国に戻っているあいだ、ミス・ロラはユニオールの家に滞在する。始めて入った地下室で彼女は兄のグローブのにおいをかぐ。この仕草を通じて、彼女は兄への欲望をあらわにする。それを見たユニオールはどう思っただろうか。ラファを反復しなければ、自分は女性には愛され得ないと感じたのではないだろうか。それでも、愛されたところで自分は兄の代わりでしかないが。

そもそも、ミス・ロラとの関係が本当に恋愛だったのかも怪しい。確かに、「あなたはどうしてもここから出て行かなきゃだめよ」と言い続けることで、後にユニオールが大学に行くことになるきっかけを作ったという点では、ミス・ロラは彼の恩人でもある。しかし同時に彼女は、対等な男女関係を自分の力で深めていくというユニオールの能力を決定的に壊してしまったのではないだろうか。そして二人の関係には、年長者による子供の性的虐待という性格がまったくなかったといえるだろうか。「どうせ自分は同じ年代の女の子とはちゃんと付き合えないんだと思う。彼女のせいで」と大学生になったユニオールは考える。しかもようやく出会えた理想の彼女とも、「太陽と月と星々」を見ればわかるとおり、どうやら別れてしまうようだ。

二〇一三年三月に開催された東京国際文芸フェスティヴァルのために来日したディアスに、下北沢の書店B&Bで直接、どうして浮気について書くのかを訊ねてみた。

きちんと親密さを感じて育むことができない、という男性たちについて語る、これ以上の方法はないからですよ。浮気とは親密さを避けるためのものなんです。ちゃんと感じたがらない、人とつながりたがらない、相手のことを想像したがらない男たちを示すための、話にして面白い、ものすごくあからさまな方法なんですね。

(下北沢インタビュー)

どうして男たちは親密さを恐れるのだろうか。親密な関係にいったん入ってしまえば、彼は関係をコントロールする力を失い、マッチョで冷静な自分ではいられなくなってしまうからか。一般論としてはそのとおりだろう。だがユニオールの場合、親密な関係に対するもっと根源的な恐れがあるとディアスは言う。親密な関係はやがてすべて壊れてしまうだろう。だったらそもそも親密になどならないほうがいいし、うっかりそういう関係に入ってしまえば、失われる前にむしろ自分で壊してしまったほうがましだ、という信念がユニオールにはあるのではないかとディアスは言うのだ。

ユニオールは自分が犯した罪の告白はします。でも自分に起こったことの告白はしません。自分に起こったことはすべて大したことないと言うんです。だから、どうしてユニオールが親密な関係を作れないのかを私が説明しましょう。彼の家族を見てください。父親は彼を嫌い、姿を消してしまいます。母親は彼のことを、単に世話をしなきゃいけない対象としか思っていません。彼女はラファのことは大好きですが、ユニオールは付け足しでしかありません。〔……〕彼は幼くして祖国を失い、若くして兄を失います。親密な関係をめぐるユニオールの経験は、トラウマ的かつ終末的なんです。そして十代になって最初に体験したちゃんとした性的関係は、年

長の女性との虐待的なものでした。（同上）

ユニオールは自分の心を他人に開くのが恐くてたまらない。それは、今までさんざん裏切られてきたからだ。だから彼はマッチョな仮面を被る。自分でも気づかないうちに女性を裏切る。ユニオールにはその悪循環から出る方法はないのか。興味深いことに、他のインタビューでディアスはこんなことを語っている。「まったく成功の見こみがないにもかかわらず、愛の可能性の前で完全に自分の弱さをさらけ出すことのできるオスカーに、ユニオールは魅了されているのです」（『アトランティック』誌インタビュー）。究極的にモテないオスカーに、実はユニオールが憧れていたとは。ならば『オスカー・ワオ』と本書は、愛をめぐる男性の二つのあり方を探求する、互いに絡み合った作品なのかもしれない。もっともそう簡単にはユニオールはオスカーになれないのだが。

巻末の短篇「浮気者のための恋愛入門」で、ユニオールは限りなく追い込まれる。腰を痛め、足を痛め、心を病み、気づくと年を取ってしまっている。もう彼はダメなのか。いやむしろ、すべてを失った今こそ、彼にとって生まれて初めて自分と直面するチャンスなのだ。マッチョな自分を殺してしまうには、「太陽と月と星々」に登場する、暗い穴の中に逆さまに吊されるような、象徴的な死を繰り返す必要があるに違いない。

もちろん本書の魅力はそれだけではない。「ニルダ」に登場する、まともな家族を持たない少女の哀しみ、「プラの信条」における、母親とプラの闘いの滑稽さ、「インビエルノ」で、突然アメリカにやってきた母親の孤独と子供たちの気遣い、「もう一つの人生を、もう一度」の中で、アメリカに移民してきて何とか新しい生活を築こうとする女性の苦闘。重い話題を扱いながらも、ディアスの文章は明るい笑いに満ちている。実はこれらの短篇は、何冊か集まって九百ページほどの小説を構成する予定らしい。最初の短篇集『ハイウェイとゴミ溜め』と本書の関係についてもディアスに訊いてみた。「こうした本のそれぞれが大きな小説の章になる予定なんです。四、五冊一緒にして、ユニオールの人生を描いた小説にしようと思っています」(下北沢インタビュー)。そして、本書で唯一女性が語り手である「もう一つの人生を、もう一度」についても教えてくれた。なんとこれは、ラファやユニオールが生まれる前の父親の姿らしい。そのことは次に出る短篇集で明らかになるとか。

二〇一四年現在、ディアスは第二長篇を執筆中である。ドミニカ共和国とハイチが地球外生命体に襲われるというSF作品で、十四歳のドミニカ系ニューヨーカー少女が地球を救うらしいが、詳細はわからない。というか、実際あんまり書けていないみたいだ。『ニューヨーカー』誌に掲載されたほんの一部分を読んでみたが、同じイスパニョーラ島で世界の終わりが勃発しているのに、好きになった女の子といるために主人公が逃げるのをやめたりしていて、やっぱりディアスっぽさは全開だ。

一九九六年に第一短篇集『ハイウェイとゴミ溜め』を出して以来、現在までに『オスカー・ワオの短く凄まじい人生』と本書しか刊行していないディアスは、まさに遅筆の作家である。本書を書くのにも、なんと十六年もかかったらしい。一ページ書くのに、二十ページは下書きが必要だとディアスはインタビューでも語っていた。

だが、作品の少なさに反比例して、彼の評価は上がる一方である。二〇〇七年に『オスカー・ワオ』でピューリッツァー賞を受賞しただけではない。二〇一二年には天才助成金とも呼ばれるマッカーサー助成金を獲得し、二〇一三年には本書に収録された「ミス・ロラ」で、世界で最も賞金が高い（約五百万円）と言われる短篇賞、サンデータイムズ・EFGプライベートバンク短篇賞を得た。現在彼はピューリッツァー賞の選考委員としても活躍している。すなわち、ほんの五年ほどで、彼は名実ともに現代アメリカ文学を代表する存在にまで成長したと言えるだろう。

（……………ジュノ・ディアス『こうしてお前は彼女にフラれる』訳者あとがき、新潮社、二〇一三年八月

あとがき

二〇〇九年に初めての評論集『偽アメリカ文学の誕生』（水声社）を出して、人生が変わった。本書は主にその後、僕が何をしてきたかの記録である。

読売新聞の書評欄で小野正嗣さんに拙著を取りあげてもらい、それが縁で、さして実績もないのに書評委員になった。第Ⅱ章「息するように本を読む」の大部分は、その任期中に書いたものだ。

読売新聞での二年間は、僕にとってもう一つの学校だった。作家や学者、批評家など、きら星のような人たちが月に二度、同じ部屋に集まって、どの本を書評するか議論する。

僕みたいなやつがこの中にいていいのか、最後まで確信が持てなかった。いつも端っこの席に座り、煙草をふかしながらニコニコしている松山巖さんは、とにかく何でもよく知っている。「この野呂って人、凄く文章がいいんですけど」なんて僕が間抜けな質問をすると、「え、野呂邦暢知らないの？」と少し驚きながらも、いろいろと丁寧に教えてくれた。

蜂飼耳さんが、いい詩とは何かについて熱く議論していたのにも圧倒された。しかも書評の文章がものすごくうまい。淡々とした品のある表現で対象をビシッと掴む。川上未映子さんや朝吹真理子さんと毎回話すのも楽しかった。朝吹さんが会議の雰囲気にまったく負けることなく、いつもドーナツなんかを持ってきて、議論中でも「私、食いしん坊だから」ともぐもぐしているのには深く感銘を受けた。彼女が反原発の論調を断固貫いたのもかっこよかったな。

僕よりはるかに年齢が上の碩学たちが、どれほど凄いものかを目の当たりにできたのも良かった。科学史の野家啓一先生とアジア文化史の前田耕作先生が並んで坐り、気づけば書評候補の本を机の上に八十センチほども積み上げている。しかも歴史書、文学書、哲学書など、硬軟取り混ぜた守備範囲があまりに広い。どうしてこの本は書評する価値があるか、という演説が、遠くギリシャ、ローマから始まるのにも驚いた。普通の会話なのに、どうにも格調が高すぎる。

前田先生が「フェリックス・ガタリの『アンチ・オイディプス草稿』を、はたして私が新聞書評という場で取りあげてもいいものでしょうか?」と言えば、野家先生が横から、「ぜひやるべきでしょう。そういうものができない方がおかしい」なんて乗っかる。この人たち、古いものだけじゃなくて、新しいものも何でもわかるんだ、ああ。しかも、本の話をするときのお二人はいつも楽しそうだった。そして六十代でも七十代でも、決してペースを乱すことなく、定期的に書評を書き続ける。学者とはこうあるべきだ、という人々を直に見るという、めったにない機会だった。

僕が大学一年生のころ、授業でお世話になった山内昌之先生と再会できたのも嬉しかった。まさか二十年後に先生と同席するなんて、人生いろんなことがあるもんだ。山内先生は以前と変わらぬ魅力的な口調で、本について語っておられた。この人がいなければ、僕は井筒俊彦を読むこともなく、したがって西欧でも東アジアでもない視点があることにも気づかなかっただろう。

さて、やたらとセンスのいい人や学力の高い人、風格のある人、人格的に優れた人々に囲まれて、僕は困ってしまった。いや、困ることもないんだけど、この中に僕がいる理由がわからない。しょうがないから、せめて書評の会議にはなるべく早く来ることにした。よく観察していると、ややこしそうな外国文学の翻訳を、みんながなんとなく避けていることに気づく。そうじゃなくて、単に外国文学者の僕に配慮していただけなのかもしれないけど。僕はその流れを、自分に出されたパスのように感じた。

だからピンチョン、ボラーニョ、シャモワゾーと、千ページほどある小説を暇さえあれば読み続けた。ヘンリー・ルイス・ゲイツやハルトゥーニアンなど、難しそうな本にも挑戦した。僕も期待に応えてしっかりやらなくちゃ。おかげでとても勉強になったけど、どうにも疲れてしまった。おまけに、読んだ成果を原稿用紙二枚にまとめるのが難しい。そんなに短いなら簡単だろう、と最初は思ったけれど、書きたいことに行きつく手前でどうにも字数が尽きてしまう。プロの新聞記者ってすごいんだな、とひたすら感心した。

でも、いちばん勉強になったのは、ノンフィクション作家の黒岩比佐子さんとご一緒できたことだった。いつも凛としたスーツ姿でいらして、素敵な笑顔を浮かべて、僕にも優しく話しかけてくださった。末期の癌でとても辛いだろうに、そんなことはおくびにも出さず、穏やかに好きな古い本の話をされる。でも、ただ温かいだけではない。会議を休む人がいると、「前もってどの日にあるかわかっているのにね」とぽつりと呟いていらした。黒岩さんが食べ終わった弁当の空き箱を僕が捨てに行こうとすると、「病人扱いしないでくださいね」とおっしゃったのも覚えている。本当に強い人だった。
やがて病状が悪化して、突然亡くなってしまった。年末寒い中、お通夜に集まったたくさんの人たちが黒いコートを着て、延々と長い列を作っていた。きっとみんな、黒岩さんに優しさと厳しさをたくさんもらったんだろう。もうすぐ死ぬとわかっていて、それでも人は、淡々と仕事をしながら、周囲に優しくできるものだろうか、と僕は帰り道で自問した。

その前の二〇〇八年から『新潮』で続けていた連載「生き延びるためのアメリカ文学」で書いたエッセイのうち、『21世紀の世界文学30冊を読む』(新潮社)未収録分の多くを集めたのが、第Ⅲ章「文学を超える文学」だ。作者が日本の読者には耳慣れないとか、あるいはそもそもグラフィック・ノベルは小説じゃない、とかの理由で落選した文章だが、実は思い入れは強い。こうして本に収録されて、とてもよかったと思う。短期間でも世の中は変わるもので、扱った作品のうち三冊はすでに邦訳が出たし、モヤも二冊も翻訳された。あとはもっとグラフィック・ノベルの翻訳を出しやすい状況になるといいんだけどな。

実はこの連載は、先行する二つの連載でやりたかったことを、数年越しでようやく実現した、という歴史がある。

一つめは、二〇〇五年に『eとらんす』（バベル・プレス）でやった「翻訳で読めないアメリカ文学」で、デニス・ジョンソン、リディア・デイヴィス、それからケン・カルファスを取りあげたんだけど、たった三回で雑誌がリニューアルになって、ついでに打ち切られてしまった。

もう一つは、二〇〇七年から『英語教育』で一年間続けた「サブカルチャー探検隊」で、文学以外なら何について書いてもいいですよ、という、僕にとってはけっこう無茶振りの企画だった。そんなものほとんど知らないのに。それでもなんとか調べながら、マンガや映画からファーストフードについてまで、まあよく書いたものだ。でもこれがそのあと、サブカルチャー満載のジュノ・ディアス『オスカー・ワオの短く凄まじい人生』（新潮社）に繋がっていくんだから、わからないものですね。

外国文学や、村上春樹と翻訳の関係などについて書いていたら、徐々に日本文学についても依頼を受ける機会が増えてきた。それをまとめたのが第I章「本から世界が見える！」である。転機になったのは、二〇〇九年に『群像』誌上で三カ月連続でやった創作合評だ。東直子さん、町田康さんと僕が、文芸誌に載った小説について語り合う。

このときに東直子さんと出会えたことで、僕の興味が歌の世界まで拡がったのはとても大きかった。それは同時に、日本語の厚みに気づくということでもある。そしてなんといっても町田康さんである。僕が鼎談でちょっと背伸びしたことを言えば、自分を大きく見せようとするなと怒られる。お前は本当に文学をわかっているのかと詰め寄られる。大江健三郎をちゃんと尊敬しているのかと怒鳴られる。対談本番から打ち上げまで、とにかくすべてがショッキングすぎた。

けれども三回会ううちに、文学に対する町田さんの本気さがわかってきた。とても詳細なメモを取ってくる。どんな質問にも真剣に答えてくれる。年下の僕の意見も、正しいと思えば採用してくれる。初対面の恐ろしさとは対照的に、実は謙虚で、繊細で、公正な人だった。

嬉しかったのは町田さんに、都甲君としゃべっていると、学者としゃべっている気がしない、と言われたことだ。君、いいから今日をかぎりに大学を辞めて文芸評論家になりなさい。きょうび、文芸評論家なんて全然いないけどね。もちろん食えないしね、けけけけけっ。

いかに実力が低くても、経験が浅くても、同じものを見て日々励む仲間だと町田さんに認めてもらえたようで嬉しかった。「文学について語るなんて、こんな楽な仕事して、お金をいただいて生きていられて、申しわけないと思わなきゃいけない」とか、町田さんがふと漏らす言葉が、いちいち心にしみた。たった三回の出会いだったけど、あまりにたくさんのものをいただいたから、町田さんの『人間小唄』の解説を書かないか、と言ってもらえたときには嬉しかった。

もう一つ重要だったのは、この『狂喜の読み屋』の編集者でもある下平尾直さんに、小島信夫についての長い文章を書いてくれないか、と言われたことだ。僕の書いた本を誰も出そうとしなかった時期に『偽アメリカ文学の誕生』をまとめて、僕を押し上げてくれた下平尾さんの言うことは、基本的に聞くことにしている。それにしても小島信夫とは。正直言って、それまで僕は小島信夫についてはまったく知らなかった。短篇をいくつか読んだことがあるだけだ。

それでもやってみよう。エッセイ集を読み、小説を読み、メモを取って、じっくりと小島信夫について考え続けた。そのときちょうど、二〇一一年の東日本大震災がやってきた。おさまらない余震や、ぴりぴりした空気の東京に耐えられず、半月ほど九州に旅行に出かけた。

博多駅近くのホテルに籠もって、ひたすら小島信夫について書き続けた。大通りを挟んで目の前がキンコーズだから、コピーもファックスも困らない。それでも、資料はカバンに入れてきた数冊の本しかなかったから、情報をしこたま集めて圧縮する、というつもの戦略はとれなかった。

結果的にはそれが良かったんだと思う。僕を導いてくれるのは、テクストの向こうから響く小島信夫の声しかない。ホテルの一室で、文学や夫婦関係や戦争などについて、小島信夫とひたすら語り合った。外国文学研究者であることが、そのまま日本語による創作に繋がる道を、小島信夫に教えてもらったように思う。やれることをやり尽くして、あとは恩寵のように何かが訪れるのを待つ、という小島信夫の姿勢が印象的だった。おそらくそうした祈りこそが文学なのだろう。

今回も下平尾直さんにはとてもお世話になりました。株式会社共和国、第一弾のラインナップに加えてもらえて、こんなに光栄なことはありません。また、この本ができるのに力を貸してくれた多くの方々、ならびに家族には深く感謝しています。そして、読者の方々。ここまで読んでいただいて、本当にありがとうございました。楽しんでいただけたなら嬉しいです。

二〇一四年五月四日

都甲幸治

TOKO Koji

都甲 幸治

翻訳家、批評家、アメリカ文学者。早稲田大学文学学術院教授。一九六九年、福岡県に生まれる。東京大学大学院総合文化研究科博士課程修了。

著書に、『偽アメリカ文学の誕生』(水声社)、『21世紀の世界文学30を読む』(新潮社)、訳書に、チャールズ・ブコウスキー『勝手に生きろ!』(河出文庫)、ジュノ・ディアス『オスカー・ワオの短く凄まじい人生』、同『こうしてお前は彼女にフラれる』、ドン・デリーロ『天使エスメラルダ』(いずれも共訳、新潮社)など多数がある。

散文の時間　［文学／批評］

狂喜の読み屋

二〇一四年六月一五日印刷
二〇一四年六月二〇日発行

著者　都甲 幸治
発行者　下平尾 直
発行所　株式会社 共和国 editorial republica co., ltd.
東京都東久留米市本町三－九－一－五〇三　郵便番号二〇三－〇〇五三
電話・ファクシミリ 〇四二－四二〇－九九九七　郵便振替〇〇一二〇－八－三六〇一九六
naovalis@gmail.com
印刷　ディグ
装釘　宗利 淳一

ISBN978-4-907986-00-1